¡Sssssshhhhhhhhhh!

Haz del tzatro algo íntimo

Llévalo siempre en zl bolsillo

Cubierta y diseño editorial: Éride, Diseño Gráfico
Dirección editorial: ángel jiménez

Primera edición: abril, 2025

Entre nosotras y el mundo / El sur
© Enrique Torres Infantes
© VdB, 2025
Espronceda, 5
28003 Madrid

VdB®

ISBN: 979-13-87644-13-0
Depósito Legal: M-7864-2025
Diseño y preimpresión: Éride, Diseño Gráfico

Este libro protege el entorno

entre nosotras y el mundo

del sur

Enrique Torres Infantes
(Linares –Jaén–, 11/02/1961)

Pedagogo y Dramaturgo. Máster de creación teatral por la Universidad Carlos III de Madrid. Profesional del dramático por el Centro Dramático Nacional.

A lo largo de su trayectoria profesional combina la creación teatral con la de proyectos culturales y educativos, utilizando el teatro aplicado. *Premio Cepsa al Valor Social*, 2009, por un proyecto de teatro hecho por adolescentes y destinado a personas mayores. *Premio nacional IKEA* al mejor proyecto divulgación medio ambiental a través del teatro.

Entre sus obras publicadas, destacan *Olvídate de todo menos de mí, Las voces mudas y Espacios Infinitos*. En colaboración con otros autores *La escena de Anaximandro* (Encuentros de Teatro y Ciencia). *Planeta vulnerable, Teatro ecológico del siglo XXI, Un minuto de justicia, De los días sin abrazos, Teatro para una crisis, Sen(o)fobia, El veneno en el aire, Las fronteras son quimeras, Alegría, Y no regresaron a sus casas, Teatro, ecología y gastronomía, Dos primera décadas del siglo XXI, Gaza*.

Ha recibidio el premio de teatro Barahona de Soto, por la obra *Del sur*, Ayuntamiento de Lucena (Córdoba), 2009; y finalista del premio de relatos Entre Libros, Linares (Jaén), 2020. Finalista del VII Premio Internacional Dramaturgia Invasora 2023, con la obra *Espacios infinitos*.

ENRIQUE TORRES INFANTES

entre nosotras y el mundo

A Puchi, Lucía y Lola.

Trabajo y oración para redimir el alma...
Disciplina y castigo para amansar el espíritu.

Fragmentos del documental
El Patronato de RTVE.

¿Cuánto tiempo más podrán mis manos
servir de venda a su herida...?

Silvia Plath.

Un viaje a lo imposible

No me lean como un prólogo, por favor; simplemente como una mano que gira el pomo de la puerta que les permite entrar. Así pues, yo les abro y me retiro a mis asuntos y no miraré hacia atrás. Y ahí se quedan ustedes con este viaje a lo imposible. Dicho así pareciera que van a viajar por mundos desconocidos, extraños o inventados. Y no es así. Harán un viaje solamente por la inabarcable geografía de las pasiones humanas. ese terreno eternamente visitado que les lleva quitando el sueño a los poetas desde la infancia del mundo.

No quiero pronunciar aquí, porque si lo hiciera tendría que hacerlo a media voz, casi en un susurro -para no dañarlas con la voz altiva y rasposa del análisis- los nombres de las dos mujeres que se desbordan desde aquella atalaya simbólica donde se van a reencontrar después de cincuenta años. Y mucho menos desgranar la textura y los colores, el volumen, los pliegues que conforman su relación desde que tenían quince años y que, ahora, casi con setenta, vuelven a restallar con toda la violencia y la crudeza que tienen los ajustes de cuentas, o los cajones abiertos, o las cartas escondidas, o el silencio mortal que provoca el miedo. Esta historia de amor fue un momento, fueron unas caricias, fueron las primeras caricias, fueron unos cuerpos femeninos apenas adolescentes que se amaron y que desencadenaron toda la ira vengativa de un mundo donde no se podía ser feliz. Los besos y las caricias, el deseo de dos niñas —niñas, no niños— es demasiado para un lugar del mundo donde la palabra del dios de los católicos duerme en la misma cama y come en la misma mesa que los militares del golpe de estado. Y llamaron protección a lo que fue presidio, tortura, humillación, escarnio y servilismo: miedo, esa es la sustancia de toda ideología totalitaria, la savia que fluye y riega todos los eslóganes y todos los enunciados de los libros de texto, todas las banderas, todos los retratos en los lugares prominentes de las aulas. Qué fragilidad de gorriones la de estas dos mujeres frente a las garras del águila.

A veces, no obstante, como ocurre en el segundo texto de este libro, suceden cosas extraordinarias. No es la noticia que recibe el muchacho al borde de la medianoche, con ser esta en sí misma una ocasión para la ilusión y la esperanza. No. Y tampoco el hecho gracioso de que sea el cumpleaños de ambos. No. La fortuna para el viejo cascarrabias y el presunto delincuente que, como castigo, le saca a pasear de la residencia donde está internado es, precisamente, que se hayan conocido. Podía haber sido otro muchacho el que le hubiera tocado en suerte al anciano, podía haber sido otro anciano el que le tocara en suerte al muchacho, y las cosas hubieran sido distintas, habrían vuelto al redil de las normas, las que nos dan seguridad y cobijo, pero donde no hay lugar para el riesgo, para lo imposible. Todo es inmediato, todo pasa como una estrella fugaz, ahora o nunca. Los cuatro personajes de estos textos de Enrique Torres conviven en ese punto, se encuentran justo ahí donde las normas estrangulan, ahogan, asfixian, y se comportan como peces que boquean desesperados buscando el agua. Son demasiados viejos los que abarrotan la residencia de hoy en día donde al anciano boquea, que se quejan, que deliran, que probablemente morirían solos si una pandemia les dejara en manos de políticos desaprensivos y criminales. Y el internado de los años sesenta donde encierran a la niña que amaba a otra niña está lleno de mujeres violadas, prostitutas, más niñas embarazadas, viudas, todas ellas condenadas a aceptar la *protección* de una institución nacida para la represión.

Las dos ancianas, por un lado, y el anciano y el joven por otro haciendo planes de futuro tienen algo de búsqueda de un imposible, aunque lo imposible consista simplemente en afirmarse en una relación de amor o en negarse a volver al redil, y todo tiene una especie de vapor etílico, de arrebato, de ensoñación, de la deliciosa embriaguez que nos

hace osados y creadores, acrecentado por el hecho de que tres ce esos personajes son viejos, es decir seres que están ya en la periferia y que suelen no importar a nadie.

Mariano Llorente.

Personajes

LOLA

PURA

Lola y Pura son dos mujeres casi septuagenarias.

2

Nota: *El signo / indica que la réplica es interrumpida por la siguiente.*

1. Lola.

Soy la actriz que interpreta a Lola. Ha montado su tenderete junto a un cementerio de pescadores. Un cementerio simbólico. No hay difuntos. Se utilizaba para mantener viva la memoria de pescadores desaparecidos en el mar. Ahí se guardaban objetos personales. Ahora está cerrado. Lola y su amiga Pura subían hasta aquí, imaginaban historias y eran capaces de vivirlas como si fueran reales. No había límites, todo era posible. Desde esta atalaya, a lo lejos, se ve el mar. Mirando hacia el poniente, cada tarde celebraban el espectáculo de una puesta del sol. Y allí abajo, al final del camino, está el pueblo. Han pasado casi cincuenta años.

Lola era titiritera, montaba su teatro de marionetas en las calles de cualquier lugar del mundo. Solía decir que la suya era una vida plegable. Como una semilla que movía el viento, nunca llegó a echar raíces. Ha decidido regresar a su pueblo.

Voy a contarles algo...

El Patronato de Protección de la Mujer fue una institución creada en 1941. Pertenecía al Ministerio de Justicia. Su presidenta de honor fue la esposa de Franco, Carmen Polo. Su misión era moralizar a las jóvenes y educarlas de acuerdo a las enseñanzas de la religión católica. Tenía centros donde internaban a las chicas que consideraban caídas o en riesgo de caer. Podían hacerlo por diferentes causas. Si ejercían la prostitución o eran sospechosas de hacerlo. Por conducta «inmoral». Si lo solicitaban las autoridades civiles o religiosas. O por denuncias de familiares, vecinos o personas anónimas. Lola fue internada en uno de esos centros. Tenía dieciséis años. Esa institución no desapareció, definitivamente, hasta 1984.

(*La actriz que interpreta a* LOLA *termina de montar una sombrilla con telas que la cubren, formando una especie de carpa. Coloca en el espacio una mesa y dos sillas. Sentada en una silla infantil tiene a una marioneta, Margarita.*)

Oscuro.

2. Pura.

(*Está entre el público*). Soy la actriz que interpreta a Pura. Cuando entre en escena habrá recorrido el camino que va del pueblo al cementerio. Tres kilómetros. Cuesta arriba. Está notando el esfuerzo. Pura sonríe, recuerda que era capaz de subir corriendo, ilusionada, para encontrarse con Lola. El gesto cambia. Su mirada se pierde. Lola agredió a su hermano, la detuvieron y nunca volvió a verla. Ha vuelto. No tuvo más remedio que ocuparse de los negocios de su madre, y cuidarla hasta que falleció. Ella y su hermano son mellizos. No pueden ser más diferentes. De él también tuvo que ocuparse. Es violento, imprevisible y peligroso. Una personalidad complicada. No hay día que no se meta en líos. O él, o sus dos hijos. Lola y su hermano, como dos trenes de mercancía pesada, avanzan por la misma vía y terminarán chocando. Ha llamado a Pura, alterado, nervioso, gritando, insultando, diciendo que Lola ha vuelto. Hay heridas del pasado, siguen abiertas.

Lola buscaba a Pura. Fue a casa de su madre, donde entonces vivía. Ahora vive su hermano. No sabe qué habrá pasado, cortó la llamada después de jurar que lo iba a pagar caro. La tarde está cayendo. Está segura de que Lola está en el cementerio. Tiene ganas de verla y tiene dudas. Está inquieta, nerviosa, tiene miedo… Lola es el recuerdo más bonito de su infancia, y el más triste.

Fue un milagro y una pesadilla. Una historia rota, interrumpida y desde entonces un misterio.

3. Lola y Pura en el cementerio de pescadores.

LOLA *está inquieta, vigila el camino de subida al cementerio, el único posible para llegar. Se acerca al borde de la atalaya.*

LOLA ¡Aquí me tienes si te atreves! ¡Malnacido! ¡Fascista! ¡Cerdo! Maldita sea tu vida... lo que me has hecho. Yo quería olvidar; yo quería perdonar y me has puesto en el mismo sitio. (*Pausa.*) ¡Voy a patearte y voy a rajarte otra vez! (LOLA *respira para relajarse. Vuelve a gritar.*) ¡Con lo que me costó tragarme tanto rencor! (*Pausa.*) ¡Si pudiera lanzar rayos con los ojos arrasaba ese pueblo de mierda! (*Se mueve nerviosa de un lado a otro.*) Luna, yo quería verla. Ya lo sabes... la necesitamos. Fui a su casa, en son de paz; me bajé las bragas, la conciencia, la rabia, el odio, por ella intenté olvidar. Me lo guardé todo para verla. ¡Somos dos viejas y no nos queda tiempo! ¡Si ese cerdo sube aquí lo mato! (*Respira. Pausa.*) No me lo esperaba. Estoy dolida, triste y rabiosa. Ya está, se acabó, vamos a seguir con el plan, lo haremos de otra manera. (...) Luna, no empieces. (*Entra y sale de su carpa sacando ropas, objetos y una caja. Sienta a doña Margarita cerca de ella. Dobla cuidadosamente las prendas de ropa y las va metiendo en la caja, junto a los objetos.*) Escribo el final aquí, donde todo empezó; un buen final puede salvar una mala historia. Este peto, ¿dónde te lo compré? No, en París, lo llevabas en tu última función, te daba suerte. Este pañuelo en Méjico, tiene una mancha de sangre. (…) Aquella pelea… casi rompo una botella en la cabeza de un tío. Me dio un puñetazo y me reventó la boca. Esta gorra la compramos en Berlín. (…) Este cementerio era nuestro refugio. Se utilizaba para guardar la memoria de los pescadores. Están enterrados sus objetos y sus ropas. (…) Ahí me gustaría que estuviéramos tú y yo, no hay otro lugar mejor. Qué hago yo sin ti. Estoy harta. No puedo más. He llevado tu ropa de un lado a otro, el viaje termina aquí. Esta ropa todavía huele a ti. (*Pausa.*) Aquí podemos poner la palabra fin. (…) Si hubieras sido tú la que tenía que decidir, ¿qué habrías hecho?, llevarme a tu pueblo. En tu pueblo tampoco te quiere nadie. Qué más da. Estaremos juntas. Este lugar es precioso, aquí fui feliz. (…) Cenizas en el viento. No creo en la eternidad. Tú sí, tú rezabas. A tu madre, pero rezabas. Al final para qué. (…) Perdona. No creo en lo que no puedo explicar; creo en algunas cosas… en la poesía, en la música, en el teatro. Quiero creer que, cuando seamos ceniza, el viento nos moverá, nos llevará hasta una playa solitaria, caeremos donde rompen las olas. Nos desintegraremos y se acabó… o… puede que el viento deje nuestras cenizas sobre los pétalos de esas florecillas que crecen en la parte alta de las rocas; son preciosas y apenas necesitan agua. Y se acabó, la eternidad es un invento, como la felicidad. No imagino un lugar donde viven los muertos. Los muertos viven en la cabeza de los vivos. ¿Tú dónde vives?, en mi cabeza. Ahí estás y mira qué discusiones tenemos. Me vuelves loca, Luna. Seremos cenizas en el viento, como la canción y si el viento nos mueve a lo mejor el final será precioso. (*Pausa.*) Doña Margarita... había pensado en regalarla, pensé en regalársela a Pura. Ahora no sé, me gustaría que estuviera en el cementerio, dentro de una caja. (...) No tengo miedo a morir... «mientras somos la muerte no es y cuando la muerte es nosotros no somos». (...) Es de Machado. Los poemas me ayudan a parar esa voz que no deja de hablarme y me va a volver más loca de lo que estoy. (...) ¿Mi conciencia? ¿Eso crees? Eso decían los curas. ¿Sabes lo que me dice mi conciencia? Que mate a ese hijo de puta que me destrozó la vida. (...) Matar antes de morir. Tu voz es mi conciencia y mi locura. (...) Si tu voz no llega a gritar mi nombre, lo hubiera matado. Solo mirarnos a los ojos como dos fieras que se odian, dos enemigos que lo serán hasta que uno muera. Se encuentran, se reconocen. O tú o yo... por aquí no pasas... o tú o yo. ¿Y si mi final tiene que cerrarse con una venganza? Donde todo empezó. Me dijo que me iba a denunciar. Ese hijoputa me quiere joder la vida otra vez. Yo le hago otra cicatriz, soy demasiado vieja para que me encierren, no lo soportaría. Ancho es el mar; él ha de separarnos. Ancho es el mar; él ha de separarnos. Ancho es el mar; él ha de separarnos. Digo poemas para que este cerebro no se duerma… para distraerlo, dicen que así se evita el dolor. Estoy nerviosa y rabiosa. Hablo contigo, así está mi cabeza. «Ancho es el mar; él ha de separarnos… quedarán nuestras almas enlazadas… como un último retrato, en nuestros ojos…». (LOLA *ha visto algo a lo lejos y se acerca al borde de la atalaya.*) ¡Viene alguien! Todavía lejos. ¿Será ella? ¿Viene a convencerme? ¿Viene a que me entregue? Si viene con él no respondo. ¿Y si viene con la policía? Yo me tiro a las rocas… ella sabrá qué hacer. Voy a enterrar la caja. Tú y doña Margarita os quedáis aquí, lo he decidido. Si me tiro a las rocas os meteré entre mi ropa. Si no os tengo conmigo no me atrevo. (LOLA *cierra la caja y la lleva al cementerio. Vuelve y vigila la cuesta de subida*). Sube despacio. Está más vieja que yo, será una señorona, yo todavía subo a buen ritmo y no me canso. ¿A qué vienes, Pura? ¿A pedirme que me entregue? ¿A entregarme? (*Pausa.*) Sí es ella, sí… viene sola… Era miedosa. Ringo le va a ladrar. Ya no es tan flaca. Es ella. Éramos dos jóvenes llenas de pasión, ahora somos dos viejas… Es ella… Ringo la va a asustar. ¡Perro poeta, ladra para mí! ¡Ringo!

(LOLA *silba, hace ladrar al perro. Se escucha un grito. Después de una pausa* PURA *llega corriendo, sofocada por la carrera. El perro se escucha a lo lejos. Trae los zapatos en la mano, viene vestida elegante, con un par de bolsas.* LOLA *y* PURA *se miran, mantienen cierta distancia. Pausa larga.)*

PURA   Lola, sabía que estabas aquí. Estoy asfixiada... ¿Ese perro es tuyo?

LOLA   Sí, me obedece, me protege. Es muy peligroso, has tenido suerte.

PURA   ¿Te obedece? ¿Y no haces nada?

LOLA   ¿Has venido a entregarme? Ten cuidado conmigo que soy peor que ese perro, yo muerdo. No me esperaba un desprecio así. No esperaba nada pero al menos... que tuvieras la curiosidad después de tantos años.

PURA   ¿De qué hablas?

LOLA   Pensé tantas veces en ese momento... (*Pausa.*) Para ti es fácil olvidar, a mí me ha costado mucho. Vuelve a sangrar la herida. Cuidado conmigo. (*Pausa.*) No me lo esperaba, Pura.

PURA   ¿De qué estás hablando Lola?

LOLA   ¡No me cabrees!

PURA   Deja que respire. Lo que faltaba... después de subir hasta aquí. Y ese maldito perro...

LOLA	¿Le has contado a alguien que estoy aquí?
PURA	No se lo he contado a nadie.
LOLA	Si el cabrón de tu hermano viene te corto el cuello, te tiro al arrecife y luego me tiro yo. (LOLA *abre una navaja.*) Y se acabó.
PURA	Qué recibimiento.
LOLA	Eso mismo te digo.
PURA	¡Tenía tantas ganas de darte un abrazo! (*Pausa.*) Voy a beber un poco de agua.

(PURA *bebe de una botella que trae.*)

LOLA	¡Hipócrita! ¡Quería verte! Me tragué mi orgullo, mi rabia, mi mala sangre. Me vestí para no desentonar con tu familia pija; la señora no quería verme, estaba ocupada.
PURA	¿De qué hablas? /
LOLA	A tu hermano, deberías cerrarle esa boca que tiene, escupe veneno. Otra vez estoy en un lío, por su culpa. Tú podrías haberlo evitado. Lárgate de aquí /
PURA	Hay algo que piensas que he hecho. Vamos a aclararlo, cuéntame lo que ha pasado sin adornos ni florituras /

LOLA   ¿Florituras?

PURA   Al grano.

LOLA   Fui a tu casa...

PURA   Sé que has estado en la puerta de la casa de mi madre /

LOLA   Quería verte /

PURA   Allí vive mi hermano. Me dicen que te has ido cabreada, gritando, insultando /

LOLA   Tu hermano me ha insultado a mí antes /

PURA   Has vuelto después, y en la puerta, con una marioneta, te has puesto a gritar barbaridades... borracha /

LOLA   Si me amenazan respondo. No soy sumisa y menos con la persona que destrozó mi vida. Me hervía la sangre. Volví a la puerta de tu casa para hacerte una función aunque la cambié para dedicársela a tu hermanito /

PURA   No es mi casa, es la casa de mi madre /

LOLA   Me había tragado el orgullo, el dolor, la rabia. Fui con buenas intenciones, respiré diez veces, quería verte... verte.. a ti... solo a ti... ¿dónde iba a buscarte?, en tu casa. Me abre tu hermano, la primera mirada que nos echamos... inconfundible la cicatriz que le hice... me dijo lo que me dijo y, lo peor, cómo me lo dijo. Fuego por dentro... y yo fui con doña Margarita a la puerta de tu casa /

PURA   ¿Con quién? /

LOLA   Quería hacerte un trocito de mi espectáculo, darte una sorpresa. Tenía tantas ganas de verte. Ahora tengo ganas de quemar ese pueblo de mierda, empezando por tu casa /

PURA   La casa de mi madre /

LOLA   Tu madre, tu hermano y tú. Me destrozasteis la vida y ahora sí que no me pienso guardar nada; porque nada me importa, he llegado al final /

PURA   Lola, ¿puedes calmarte?, estamos aquí, en nuestro paraíso, teníamos quince años y ahora somos dos viejas, debería ser emocionante /

LOLA   Tuve que defenderme de dos jóvenes gorilas. ¿Quiénes son?

PURA   Mis sobrinos. Dos energúmenos, pero tú también tienes lo tuyo, tú gritas, insultas, y además estabas borracha.

LOLA   ¡Declamar no es gritar! Volví a tu casa. El espectáculo que iba a hacer para ti lo cambié,

con la mala sangre salió otro; y aparecieron esos
dos. Fue tu hermano el que los lanzó contra mí
y pasó lo que pasó. Pensé en ir a la policía. Para
qué. Me mirarían de arriba abajo. Es la vieja va-
gabunda que lleva una marioneta. Señora, la
han denunciado. ¿Me han denunciado? Sí señora, hay testigos, un joven ha declarado que
usted le puso una navaja en el cuello. Oiga, lo
hice en defensa propia. ¿En defensa propia? Sí
señor, ellos me atacaron. Señora, hay testigos
que dicen lo contrario, y dicen que usted estaba borracha; además, en este pueblo, para ac-
tuar en la calle necesita permiso. ¿Necesito un
permiso? Sí señora. ¿Usted tiene permiso? No,
no tengo. Los dos jóvenes solo querían ver su
marioneta y usted reaccionó agresiva, estuvo a
punto de clavarle la navaja en el cuello a uno
de ellos. Esa sería la versión /

PURA   Tú te lo dices todo. No va a pasar nada Lola.
¿Podemos darnos un abrazo? La última vez
que nos vimos fue aquí, éramos dos jóvenes
llenas de vida, ahora somos dos viejas.

LOLA   A la joven que yo era se la llevaron detenida.
Ahora soy una vieja y otra vez estoy donde
todo empezó, otra vez por la misma persona.
Ese asqueroso que se parece tanto a ti.

PURA   Es mi mellizo.

(*Se acerca al borde de la atalaya para lanzar
sus palabras al horizonte.*)

LOLA   ¡He sobrevivido! ¡He vuelto, he recorrido el mundo! ¡Me cortasteis las alas pero me volvieron a crecer! Tu hermano me tiró un billete arrugado, antes escupió dentro. Si puse la navaja en el cuello de uno de tus sobrinos fue porque intentó quitarme a doña Margarita /

PURA   ¿Quién es doña Margarita?

LOLA   Después tu hermano, discretamente, por si alguien miraba, se acercó con una sonrisa hipócrita, me insultó, me amenazó, me dio una hora para marcharme del pueblo, mi pueblo. Me dijo que me denunciaría a la policía /

PURA   ¿Quién es doña Margarita?

LOLA   Ella es doña Margarita.

PURA   ¿Esa muñeca es doña Margarita?

LOLA   Es una marioneta, no una muñeca, y no se te ocurra tocarla.

PURA   ¿Puedes dejar de ser tan arisca? (LOLA *saca un termo, le sirve un vaso a* PURA, *y le da un trago.*) ¿Esto qué es?

        (LOLA *se ríe por la cara de asco que pone* PURA.)

LOLA   Una palomita. Anís y agua. Señorona, pensé que te subirían hasta aquí en angarillas, tus empleados, tus hijos, tus nietos, pensé que serías una vieja rica y huesuda, no estás nada mal.

PURA   Tú tampoco si no fuera por la mala leche que tienes.

LOLA   Si cuando pregunté por ti me hubieras recibido /

PURA   Que no estaba allí, no vivo allí, esa casa se la quedó mi hermano. Nada tengo que ver con él, me enteré después. ¿Nos damos ya un abrazo?

LOLA   Vas demasiado elegante, hoy no me he duchado. ¿Y por qué no me he duchado?, para no repetirme ya sabes por qué. Estoy rabiosa y tengo ganas de matar a tu hermano; ahora puedo matarte a ti.

PURA   ¡Ven aquí!

(PURA y LOLA *se dan un largo abrazo.*)

LOLA   ¿Entonces tú no estabas? ¿Me lo juras? No sabes lo mal que me sentó, cómo me calenté. Me dijo que no querías verme, me insultó, me dijo cosas que se me clavaron. (*Pausa.*) Supongo que hay más gente que me ha visto. Los vecinos me habrán oído. ¿Qué te han dicho de mí?

PURA   Que estás como un cencerro.

LOLA   ¿Y qué más?

PURA   Que estabas borracha.

LOLA   Loca y borracha. Voy a raptarte.

PURA   ¿Y qué esperas conseguir?

LOLA   Una disculpa.

PURA   ¿Una disculpa?

LOLA   Quiero una disculpa del cerdo, cobarde y fascista de tu hermano. Hasta entonces serás mi rehén. Oye, por si de repente me tiro a las rocas...

PURA   ¿Qué dices Lola?

LOLA   En nuestro escondite, ¿lo recuerdas?, he dejado una carta para ti, por si llegabas después de que me hubieran linchado.

PURA   ¡Nadie te va a linchar!

LOLA   Tu hermano me amenazó. Me dijo: desaparece rata, tienes una hora, iremos a por ti y nunca te encontrarán.

PURA   Es un bocazas. Estoy aquí contigo, no va a pasar nada. (*Pausa.*) Aunque es cierto que su hijo ha puesto una denuncia por amenazarlo con una navaja. Eso hay que solucionarlo /

LOLA   Sus hijos me quitaron a doña Margarita /

PURA   Tranquila Lola, lo sé, te creo /

LOLA   Se la lanzaban uno a otro. Yo lo agarré por el cuello, tenía la navaja en la mano y le dije que dejase a la marioneta o lo rajaba. Ya te contaré lo que lleva dentro doña Margarita, si era importante ahora lo es mucho más. En la carta te lo cuento /

PURA   Tranquila, Lola, te alteras y así no... /

LOLA   El otro venía a darme una patada y no lo dudé, le puse la navaja en el cuello a su hermano, entonces dejaron en el suelo a doña Margarita y se fueron. Alguien habrá visto que fue en defensa propia. Tu hermano se acercó después y me dedicó sus palabras, si me han denunciado no tengo ninguna posibilidad, si te tengo retenida podré negociar. (*Pausa.*) Tengo un regalo para ti.

PURA   Yo también.

LOLA   Antes necesito poner nuestra historia en su lugar. Desde aquel día maldito se abrió un paréntesis. Quiero mirarte a los ojos y decirte lo que siempre quise decirte, como soy teatrera me pido hacerte una función especial, solo para ti.

PURA   No.

LOLA   ¿Por qué no?

PURA   Las teatreras tenéis demasiado teatro /

LOLA   ¿Has conocido a muchas teatreras? /

PURA   ¿Qué vas a hacer? Ponerme delante de ti, como una espectadora silenciosa, y me vas a soltar tu perorata y yo a tragar, con lo que tú puedes llegar a soltar por esa boca. Será un linchamiento verbal, que te veo venir…

LOLA   ¿A que no te acuerdas de nuestro grito de guerra?

PURA   «Vengo sí, a desposeerme, a dejar de ser. No a olvidar en la nostalgia, sino a darlo todo».[1]

LOLA   Me sorprendes. ¿Te doy miedo?

PURA   No me das miedo.

LOLA   He tenido que jugar con malas cartas, toda mi vida y siempre jugué, nunca me retiré de una partida. He tenido que usar lo que no tenía, lo que nadie me dio, lo que me faltaba, lo que me quitaron, lo que perdí. He recorrido el mundo, muy pocos en ese pueblo de mierda pueden decirlo. Quiero darte mi regalo /

PURA   Me gusta tu casa portátil.

_____

[1] María Zambrano.

_____

LOLA   Mi tenderete.

PURA   Tu tenderete.

LOLA   Lo he instalado en sitios increíbles. Ya casi no sabría vivir en otro sitio, llevo una vida muy plegable. (LOLA *enciende unas luces que vienen del interior del tenderete.*) ¿Tú has viajado?

PURA   No como quisiera, tuve que cuidar a mamá. Cuando murió me hice cargo de sus negocios... y de mi hermano. Algún viaje hice.

LOLA   Sé sincera, ¿van a subir hasta aquí a detenerme?

PURA   No lo sé.

LOLA   No voy a entregarme, si suben me tiro a las rocas y tú te encargas de mi cuerpo.

PURA   Qué bonito.

LOLA   No sería la primera vez.

PURA   Tu cuerpo fue el primero que acaricié.

LOLA   Nuestros cuerpos nos dijeron más que las palabras que no supimos decirnos. ¿Y después de mí, hubo muchas más?

PURA   Te he recordado muchas veces, y te busqué.

LOLA   Dices que no quieres florituras pero ahora mismo tengo un borbotón de palabras que se me acumulan en la garganta. Tengo mucho que decir. Lo que nunca pude decirte ni preguntarte.

PURA   Y yo.

LOLA   La memoria de una vieja es frágil y caprichosa, me acuerdo más de aquellos tiempos; me acordé de tu madre. No tengo buen recuerdo de ella. Recuerdo el día que me echó de tu casa y la conversación que tuvimos.

PURA   Yo también.

LOLA   Tu madre se gustaba, hablaba pausada, costaba escucharla porque apenas elevaba la voz, hasta que gritaba y se convertía en otra persona. Tenía una leve cojera, le daba cierto aire de misterio, era inquietante y daba miedo. Cuando éramos dos nenas, mi madre que era vuestra criada para todo, porque lo hacía todo en tu casa: limpiar, cocinar, vestir a los nenes, peinarlos y el cabrón de tu hermano le levantaba la falda y le daba patadas. Mi madre me llevaba a jugar contigo. (*Pausa.*) Esos años no los olvido, jugábamos, reíamos hasta que a ti, y a mí, nos crecieron las tetas, tu madre se dio cuenta de que yo te miraba con deseo y le prohibió a la mía que me llevase. Empezó a ser severa, exigente y cruel con mi madre, a desconfiar de ella y la despidió. Entonces mi madre enfermó. Recuerdo aquel día, dos adolescentes

encendidas de deseo, una pequeña caricia podía hacernos volar. Tú me llevaste a tu casa...
Tu madre bajó lentamente las escaleras, peldaño a peldaño. Yo me quería ir, lo de mi madre
lo tenía clavado. Tú insistías...

PURA   Quería que mi mejor amiga pudiera venir a
casa.

LOLA   El disgusto que se llevó mi madre cuando la
despidió.

PURA   Mi madre era desconfiada, paranoica y muy
religiosa. Veía al demonio en todas partes.

LOLA   Se quedó sin trabajo, sola, cuidando de mí, y
enfermó, por el disgusto.

PURA   Enfermó, eso pasa con las enfermedades, no
por un disgusto.

LOLA   Si tú supieras lo que tu madre le dijo.

PURA   Mi madre tenía la habilidad de golpear con
palabras; mi hermano es igual que ella /

LOLA   Entramos en tu casa, yo iba un poco rezaga-
da; tu madre desciende lentamente por las escaleras. Me ve...

(LOLA *imita los gestos, una cierta cojera y la manera de hablar de la madre de* PURA. PURA *entiende el juego que propone* LOLA: *recrear la escena.*)

PURA   Madre...

LOLA   «¿Hija? No te esperaba tan pronto y acompañada».

PURA   ¿Te acuerdas de Lola?, es la hija de la Tata.

LOLA   «¿La hija de la Tata? Sí, se le parece».

PURA   Madre, recordarás que cuando su madre trabajaba aquí ella venía a jugar conmigo.

LOLA   Yo me animé y le dije a tu madre: señora, usted a lo mejor la ha olvidado pero mi madre nunca se olvidó de usted, ni de esta casa.

PURA   Madre hemos venido a merendar. (*Pausa.*) Lola y yo nos hemos encontrado en el colegio.

LOLA   «Pura, no mientas, ella no lleva uniforme. ¿En qué colegio?».

PURA   Mamá, nos hemos encontrado en la puerta del colegio católico. Ella estaba allí y nos hemos encontrado.

LOLA   «¿En la puerta? Esta muchacha no estudia en el colegio católico. Os habéis encontrado en el colegio, la puerta del colegio católico no es el colegio católico. No te hagas la lista o te doy un bofetón que te pongo del revés».

PURA   Madre, ella está en el colegio de huérfanas... como podrás imaginar.

LOLA   Y yo le dije: ¿usted sabía que mi madre murió?, perdóneme, es que como no vino al entierro, igual no lo sabía. (*Pausa.*) Entonces dejó su voz pausada y gritó: ¡Pura! ¿Pura puedes venir? ¡Ya!

PURA   Me llevó a otra habitación, tú te quedaste en el salón.

LOLA   Escuché el guantazo. ¡Tu madre daba unas hostias! Tenía unas manazas...

PURA   «Pura, mírame a los ojos, no me evites que te estampo. Te lo voy a decir una vez y sé muy bien de lo que hablo. Esta chica fuma, vende cigarrillos y vende droga, me lo han dicho los curas. Es una pervertida y va detrás de las niñas, eso es delito y pecado mortal. Como me digan que te ves con ella no sales en un año. Pura, escúchame, esta niña va a terminar muy mal. No quiero verla más por aquí, ni quiero que tú la veas nunca más. Estás castigada, le dices lo que sea y que se vaya». Y yo hice lo peor, contestarle. Madre, no es verdad lo que dicen, Lola es buena, ha sufrido y no tiene a nadie.

LOLA   Y te llevaste la segunda hostia. La escuché y como soy como soy, me planté ante tu madre y le dije: señora, una madre no debe pegar a una hija. Me echó a gritos y se puso como loca.

PURA   Y luego a ti no se te ocurre otra cosa más que darle una paliza a mi hermano y lo hieres con la navaja.

LOLA   Eso fue mucho después; y sabes por qué. Tu hermano le contó a todos los del colegio católico lo nuestro porque nos siguió y nos vio /

PURA   Mi madre me encerró.

LOLA   Tu madre tenía razón, yo vendía tabaco, ganaba dinero, tenía futuro y quería comerme el mundo. Tenía éxito con las niñas pero estaba enamorada de ti. Me denunciaron al Patronato de Protección de la Mujer y fue ella; y tu hermano; y los curas; y aquel alcalde... (*Pausa*.) El Patronato de Protección de la Mujer. Ese nombre nunca se nos va a olvidar a las que estuvimos allí. Pura, si no me internan allí, nada nos habría separado. (*Pausa*.) Tú y yo nos adelantamos al tiempo de aquellas niñas, reprimidas, incapaces de hacer nada por sí mismas. Y a los chicos, con granos en la cara de tanto hacerse pajas. Tú y yo deberíamos haber sido jóvenes en otra época. Tu hermano, cobarde y chivato, contó a tu madre que nos vio en cala bonita, acariciándonos.

PURA   No tengo muy claro lo que pasó.

LOLA   Aquel no era nuestro tiempo, demasiado pronto para tener quince años

PURA   ¿Llevas mucho tiempo viviendo en la calle?

LOLA   ¿Crees que vivo en la calle? ¿Señorona? Tengo el mar y ese horizonte, ¿esto es vivir en la calle? Vivir con muy poco no es sobrevivir. Piensas como tu hermano, rica de mierda. ¿Crees que esto es vivir en la calle?

PURA   Tranquila. Me gusta ese... tenderete.

LOLA   ¿Quieres verlo por dentro?

PURA   Lo siento, soy claustrofóbica. Discúlpame.

LOLA   ¿Claustrofóbica? Eres una remilgada. ¿Crees que te vas a contaminar de algo? ¿Te vas a manchar? Tú no sabes lo que es vivir con muy poco, estar en un sitio sin saber adónde irás mañana, despertarte y tener que encontrar algo para comer porque no tienes nada. En ese pueblo de mierda nadie sabe lo que he sufrido y lo que he tenido que luchar. ¡Vete a la mierda!

(LOLA *se mete dentro de su tenderete, enfadada.*)

PURA   ¡Lola qué te pasa ahora! ¡Lola sal de ahí! Es verdad que soy claustrofóbica. Entro si quieres.

LOLA   (*Voz en off.*) ¡Eres una pija!

PURA   ¡Sal de una vez!

(*Pausa larga.* LOLA *sale del tenderete.*)

LOLA   Llevo mucho rencor dentro. ¡Mucho!

PURA   (*Mira hacia el horizonte*). Tienes razón, esto no es vivir en la calle, había olvidado por qué subíamos, es nuestro paraíso. Después de aquel día nunca volví a subir.

LOLA   Aquí inventábamos el mundo, y ya no existía nada más.

PURA   Aquellas historias son las que me ayudaron a escapar.

LOLA   ¿Escapar? ¿De dónde? ¿De tu jaula?

PURA   No seas cruel Lola.

LOLA   Cruel fue tu madre; y tú. A saber qué le contaste /

PURA   Te voy a decir algo que no le he dicho a nadie.

LOLA   ¿Me vas a contar un secreto?

PURA   No es ningún secreto pero forma parte de mi intimidad.

LOLA   ¿Tu intimidad? ¿Más teatreras en tu vida? ¿Más mujeres en tu cama? /

PURA   ¡Ya está bien Lola! Cuando me dijeron que te habías marchado intenté suicidarme.

LOLA   ¿Te dijeron que me había marchado? ¿De vacaciones? Qué familia tan perversa. No me fui, me detuvieron y me encerraron. Menos mal que antes de que me detuvieran a ese hijo de puta de tu hermano le reventé la cara. ¿Te molesta que le llame hijo de puta? En la puerta del colegio católico, delante de las niñas. Lo patee y lo rajé. Él le contó a tu madre que estábamos enamoradas y nos acariciábamos; se lo contó a todos. Me humillaron en la puerta de vuestro colegio católico.

PURA   ¡Nunca me contaron la verdad!

LOLA   No sé si puedo creerte.

PURA   ¡Lo único que me contaron es que casi matas a mi hermano!

LOLA   Tu madre me denunció. La niña que yo era murió ese día y nació la mujer que fui. Fuerte y decidida. Ahora me he convertido en una vieja rabiosa y resentida.

PURA   ¡Nunca me contaron la verdad, Lola!

LOLA   De tanto dolor que he tenido soy una piedra. ¿Tú, la señorona sensible te querías suicidar?

PURA   Lola, no hagas bromas con eso.

LOLA   No me creo que no supieras que me encerraron.

PURA   Nunca me contaron la verdad.

LOLA   ¡Allí te habrías suicidado la primera noche!

PURA   ¡Que no hagas bromas con el suicidio!

LOLA   Cuando me detuvieron yo te estaba esperando en la puerta del colegio y no apareciste, tu hermano me dijo que lo habías confesado todo, que habías hablado con tu madre, que estabas arrepentida, que tu madre te iba a ingresar en un convento. Delante de todos gritó lo que nos había visto hacer. (*Pausa.*) Delante de todos le di una paliza y le rajé la cara. Después me detuvieron. Tu madre con buenas hostias te hizo hablar, por eso no apareciste.

PURA   ¡No le conté nada! Mi hermano es un mentiroso. Tú no sabes lo que me pasó a mí, no sería como lo tuyo pero fue horrible. ¿Qué podía hacer?, además de gritar y llorar.

LOLA   En el internado me encontré con un infierno. Niñas embarazadas, violadas, prostitutas, niñas denunciadas por sus padres, niñas rebeldes que solo querían ser libres y pensar por sí mismas. Si ofrecías resistencia te aplastaban, si te acusaban de ser lesbiana mejor estar muerta. Para sobrevivir había una sola opción, callar y trabajar.

PURA   ¿Y ahora qué, Lola, qué hacemos?

LOLA   Quiero darte mi regalo.

PURA   Y yo el mío.

(LOLA *corre hacia su tenderete.* PURA *busca en su bolsa.* LOLA *trae consigo una caja llena de pequeños objetos.* PURA *ha sacado el estuche de un collar. Se reúnen las dos en el espacio donde están la mesa y las sillas.*)

LOLA   ¿Primero yo?

PURA   Primero tú.

LOLA   Ten en cuenta que esto que te voy a dar provocó los celos de alguien de quien todavía no te he hablado. ¿Por qué me gustabas tanto con lo pija que eres?

PURA   ¿Por qué te gustaba tanto con lo pija que soy?

(LOLA *abre la caja,*)

LOLA   Verás, esto es muy delicado, hay cosas que tienen casi cincuenta años. No las voy a manosear mucho. Lo importante es el significado de esta caja; el significado empieza cuando al fin fui libre, y salí a la calle, y viajé, y me hice titiritera, y recorrí el mundo. Como te dije una vez, siempre te llevaría conmigo. De repente estabas en mi cabeza. Cuando eso sucedía, cogí por costumbre, por si un día necesitaba demostrarte que me acordaba de ti, buscar algo que estuviera cerca, una pequeña cosa, un detalle para probar que ese pensamiento estaba dedicado a ti. Todo lo que hay en esta caja sirve para manifestarte que hubo muchos momentos en los que pensé en ti, pasaba el tiempo y seguías ahí, estaba el rencor y seguías ahí. Mira, hay de todo, una moneda, una piedra, una anilla, las alas rotas de un pájaro, una bola de colores, un botón, un naipe roto, una hoja con un dibujo, un papel de color azul, donde escribí tu nombre. Las cositas que en ese momento llamaban mi atención las metía aquí. Pensar y buscar algo para unir el pensamiento con una cosa que lo represente, así podría tener un recuento de las veces que me acordé de ti. Cuando digo acordarme digo tenerte dentro de mi cabeza; y son muchas... El problema es que alguien estaba celosa y a veces no metía nada en la caja, hubo mucho más pensamientos que cosas hay en la caja.

PURA   No sé si voy a poder decir nada, me has emocionado. Con ese carácter que tienes y de repente, te vuelves tierna. Mi regalo tiene exactamente los mismo años que hace que no nos vemos; desde que nos separaron hasta hoy. Es algo que hice para ti, no te lo pude llevar a la puerta del colegio, mi madre me encerró. Menos mal que no lo vio y pude guardarlo. Por fin te lo entrego. Es un collar que hice con caracolas y conchas. Lo he perfeccionado pero es el mismo que hice entonces.

(PURA *se lo muestra.* LOLA *de repente se levanta, va al tenderete y sale con un rollo de papel higiénico en la mano.*)

LOLA   Me han dado ganas de cagar. La tristeza me estriñe, la alegría me suelta.

PURA   ¿Vas muy lejos?

LOLA   No.

PURA   No irás a hacer una tontería. Lola... ¡Lola!

LOLA   ¿Qué?

PURA   No irás a hacer una tontería.

LOLA   ¿Tirarme al arrecife? No, solo voy a cagar.

PURA   No te vayas muy lejos; No me la juegues, Lola. háblame que yo te escuche.

LOLA   Voy ahí detrás, me gusta cagar en la intimidad. En eso soy reservada; siempre cago sola.

(LOLA *se marcha.*)

PURA   ¿Me escuchas? ¿Lola? ¡Háblame!

Lola	(*Voz en off.*) ¡Sí, coño! (*Pausa larga.* Lola vuelve.) Me he lavado las manos, tengo ahí una garrafa con agua y jabón. ¿Me pones el collar?
Pura	Sí.

(Pura *le pone el collar a* Lola.)

Lola	¿Qué recuerdas de mí?
Pura	¿Y tú de mí?
Lola	Tienes un pie ligeramente más grande que otro, no soportas que te hagan cosquillas en los pies, ni que te pinten las uñas.
Pura	Tienes muchos lunares en la espalda, los conté y salían más de cien.
Lola	Te gusta coger caracolas, tienes una colección, en todas se escucha el mar pero en algunas se escucha el fuego.
Pura	Pintas piedras de colores y las ocultas en la playa, quien las encuentre creerá que es un tesoro. Yo encontré algunas... y las tengo.
Lola	Te gustan los cristales marinos y los metes en un tarro de cristal.
Pura	Te gustan los peces voladores, pero lo que más te gusta...

LOLA   ¿Qué?

PURA   Besar a las niñas con uniforme.

LOLA   Me gustaban las pijas, era como conquistar un
            territorio prohibido.

PURA   ¿Por qué has vuelto?

LOLA   Las tortugas bobas vuelven al lugar donde todo
            empezó.

PURA   Nunca diste señales de vida, ni una carta, ni una
            llamada, nada. Yo no sabía dónde buscarte.

LOLA   Todo lo de este pueblo intenté olvidarlo.

PURA   Yo no te olvidé.

LOLA   A ti te recordé muchas veces. Ahí tienes la
            prueba.

PURA   ¿Tienes hijos? ¿Marido? ¿Mujer?

LOLA   ¿Y tú?

PURA   No. Tuve mis historias pero nada serio.

LOLA   ¿Alguna teatrera?

PURA   Alguna aventura.

LOLA   En el reformatorio conocí a la mujer de mi vida.

PURA   ¿Ya no estás con ella? /

LOLA   Gracias a ella el infierno del reformatorio tuvo momentos maravillosos, no sabes lo que es el deseo cuando tienes que fingir. Rozarnos con los dedos, mirarnos furtivamente y ponernos encendidas. Salimos años después, la libertad parecía un cuento escrito para nosotras. Luna entró embarazada, le dijeron que el bebé había nacido muerto, estaba convencida de que le robaron a su hija. Esto se investigó. Lo habrás escuchado. Se ha demostrado que eso le ocurrió a muchas chicas. Desgraciadamente nunca encontramos a su hija.

PURA   ¿Luna vive? /

LOLA   Buscamos en bancos de ADN, y nada /

PURA   ¿Y Luna?

LOLA   Murió.

PURA   Lo siento.

LOLA   ¿Tenías ganas de verme?

PURA   Estoy aquí.

LOLA   Nos faltó tiempo. Fuiste mi primer amor. Estoy teniendo un ataque de nostalgia, te miro, veo serenidad en tus ojos, pero creo que no eres feliz.

PURA   No creo en la felicidad, solo creo en momentos en los que me gustaría detener el tiempo, aquí sucedía eso, subía ese camino corriendo, llegaba y lo primero que hacía era gritar /

LOLA   A Luna le hablé tanto de ti. Se ponía celosa. Pura, yo no podía morirme sin verte. Pura...

PURA   Esa manera de decir mi nombre anuncia tormenta.

LOLA   Quiero contarte algo. (*Pausa.*) Luna murió hace un mes. Desde que pasó no me separo de ella; sin ella la vida no tiene sentido. No puedo sola, aunque ella está conmigo.

PURA   Lola, no te entiendo.

LOLA   Ella sigue aquí, conmigo, no es algo espiritual. Tengo sus restos y es muy fuerte, la escucho y le hablo. Por eso casi le clavo la navaja a uno de tus sobrinos.

PURA   Lola, a ver si lo entiendo.

LOLA   Los restos están en una urna funeraria y la urna está dentro de doña Margarita...

PURA   ¿Dentro? (LOLA *le señala el cuerpo de doña Margarita para que entienda lo que quiere decir, que las cenizas están dentro de la marioneta, en un bote que ha introducido en el cuerpo de gomaespuma.*) Quieres decir que... las cenizas están dentro de...

LOLA   ¡Que sí, coño! Pura, necesito saber si me ayudarías...

PURA   ¿A qué?

LOLA   Eso es más difícil de explicar.

PURA   Inténtalo.

LOLA   No empieces a ponerte sentimental, ni a montar un numerito.

PURA   Dime en qué te puedo ayudar. Y ya veremos.

LOLA   Te he escrito una autorización, para que, cuando aparezca mi cadáver me incineres. Tendrás que pagar tú. No tengo dinero. No me mires así.

PURA   ¿Mirarte? No. Al principio estaba preocupada... pensé... qué me va a pedir Lola, con lo loca que está. ¿Era eso? De verdad, menos mal. Pensé que era algo complicado. O sea aparece tu cadáver y yo te incinero. Es fácil. ¡Lola! ¿Por qué va a aparecer tu cadáver? Mi hermano no va a hacer nada porque no se lo voy a permitir.

LOLA   Es que no puedo seguir con mi vida; para qué.

PURA   ¿Estás loca? ¿Por qué tiene que aparecer tu cadáver? Di algo. ¡Que digas algo!

(*Pausa larga.*)

LOLA   Porque no puedo más con mi vida. Se acabó, es el final. Yo nunca quise vivir tanto, y menos sin Luna. Pura, no me voy a tirar ya... vamos a celebrar nuestro reencuentro. A Margarita la dejaré en el cementerio, en su cajita, te diré dónde. Si estás dispuesta a cuidarla te la puedes llevar. Allí estará la urna con las cenizas de Luna. Tú las juntas. Algunas se quedan ahí; otras, las lanzas al viento y se acabó. Pero no me voy a tirar ya.

PURA   Estás obsesionada con tirarte al arrecife.

LOLA   He pensado en maneras de morir. Una, tú que eres tan remilgada tendrás cajas de ansiolíticos. Sería una opción, pero eso te implica y no quiero complicarte la vida. Dos, un disparo. No tengo pistola, seguro que el nazi de tu hermano tiene una, pero eso te haría cómplice. Matarme con mi propia navaja, cortándome las venas. Es una muerte lenta, no me gusta, la prefiero más rápida. Tirarme por el arrecife es más poético. Vino del mar y volvió al mar, aunque también me asusta. He mirado por dónde tirarme. Imagínate que me tiro y no me mato, me tendrías que cuidar; eso nunca.

Ya hablaremos. Ahora estamos aquí, las dos. Traías unas bolsas... ¿algo para celebrar?

PURA Un vino de las bodegas de la familia y alguna cosa para picar. Lo primero que cogí de casa, no sabía lo que me iba a encontrar y como sé que eres una borracha. Así si te ponías brava...

LOLA ¿A qué esperas?

PURA Es un vino muy bueno, el mejor que tenemos.

LOLA ¿A qué esperas?

PURA ¿Qué celebramos? Me has intentado secuestrar. Me has amenazado con tu navaja. Quieres hacerme cómplice de tu muerte. Me atacó tu perro.

LOLA Ese perro es un cagón, si le gritas sale corriendo y gime como un cachorro, da el pego porque ladra, pero ladra de lejos. No es mi perro, me siguió y le doy de comer. A veces se queda a mi lado, mirando la puesta de sol, solo le falta hablar.

(PURA *ha traído dos copas y sirve el vino.* LOLA *se bebe de un trago la suya, anima a* PURA *a que lo haga, lo hace y sirve otras dos.*)

PURA ¿Quieres emborracharme? Es bastante fácil.

LOLA   Soy una noria, estoy abajo, estoy arriba. Quiero gritar por todo lo que llevo dentro, ese grito llegaría como un misil al centro de la plaza del pueblo.

PURA   Grita, yo lo hago todos los días.

LOLA   Segunda confesión, he estado con serios problemas de depresión. No preguntes, no comentes, no digas nada. No estoy bien: estuve al lado de la mujer que fue mi faro y mi guía, y se fue después de una enfermedad muy dura, durísima.

PURA   Brindo por nosotras, muchísimos años después, en nuestro lugar en el mundo, donde descubrimos tantas cosas. Descubrimos lo diferentes que éramos a todas las demás niñas.

LOLA   Estás empezando a caerme bien. Ponme otra copa y bebe conmigo.

            (PURA *sirve otra copa y ella se sirve algo menos.*)

PURA   Tengo que ir despacio, con poco consigo mucho.

LOLA   Te quiero. Entre las palomitas de anís y este vino empiezo a estar eufórica, entrando en la fase de exaltación. Te quiero.

PURA   Lola, yo también te quiero, pero te quiero viva.

LOLA   Tienes la rara habilidad de darle la vuelta a mi caparazón y ponerme patas arriba.

PURA   Aquí la memoria trabaja, estoy recordando tantos momentos.

LOLA   ¿Podemos detener el tiempo? Que nuestro maldito pueblo y nuestra maldita historia se queden allí, en una nube, la nube del olvido, vamos a quedarnos solo con lo que nos pertenece.

PURA   Lola, yo vivo el presente, el pasado ya no tiene remedio.

LOLA   Yo en cambio…

PURA   Acabas de decir: podemos detener el tiempo y bla, bla, bla, bla…

LOLA   Volvamos a conquistar este espacio que era tuyo y mío.

PURA   Va a llover. Nada me gustaba más que mojarme con la lluvia, luego tenía que volver a casa, era feliz, mojándome la ropa y la cabeza.

LOLA   O mojándote sin ropa. Te costaba pero al final, como dos indígenas, bailábamos la danza de la lluvia. Lloverá, la lluvia lo limpiará todo. Empiezo a sentir un caballo trotándome en el pecho.

PURA   ¿Eso es bueno?

LOLA   Quiero verte borracha.

PURA   Ya lo estoy. Yo con poco, mucho.

LOLA   En este momento, lo único que necesito es es-
              tar aquí, contigo, y que nos llueva, el mejor
              remedio contra el dolor.

PURA   A mí ya no me duele nada, el dolor ha desapa-
              recido, ¿a ti sí?, ¿a la guerrera Lola?, ¿así de
              tiquismiquis?, igual eres tú la remilgada seño-
              ritinga.

LOLA   El pueblo desde aquí incluso me parece el más
              bonito del mundo, y he estado en sitios ma-
              ravillosos. ¿Otro vino?

PURA   Estoy un poco borracha.

LOLA   Soy teatrera, siempre llevo a una niña dentro
              que canta y grita; le hago caso cuando me pide
              juego. ¿Recuerdas cuando hacíamos el teatro
              de las brujas, y volábamos a lo Mary Poppins?,
              con nuestros paraguas.

PURA   Teníamos dos paraguas grandes, escondidos…

              (LOLA *corre a su tenderete y saca dos paraguas,
              le da uno a* PURA. *El juego que comienzan pare-
              ce que las llevase hacia esa edad de la infancia,*

ese momento en el que eran dos niñas dispuestas a inventar el mundo que necesitaban para huir de la realidad.)

LOLA   ¡Somos las brujas del cementerio! ¿Qué tal señora bruja? ¿Cómo se presenta hoy la dura jornada?

PURA   Complicada, como todas las jornadas de brujería, nunca es fácil para una bruja.

LOLA   ¿Contra qué fuerzas malignas tendremos que luchar? ¿Contra los imposibles?

PURA   Sí claro, contra esos sería imposible no luchar.

LOLA   ¿Contra los de ceño fruncido?

PURA   Contra esos también, esos son detectores de brujas y nos llevan a la hoguera. No olvides a los malpensados, ni a los reprimidos.

LOLA   A esos nunca los olvido. Ni a los malnacidos, ni a los fascistas. ¿Bruja dos?

PURA   ¿No era yo la bruja uno?

LOLA   La bruja uno soy yo, tú eres bruja remilgada número dos, yo la bruja puta número uno, puta y bruja.

PURA   ¿Habrá viento?

LOLA   Soplará viento de poniente, fuerza siete.

PURA   ¿Fuerza siete?

LOLA   Podremos volar. Necesitamos el círculo má-
       gico. (LOLA y PURA, *parecen niñas, por su ma-
       nera de moverse y por las ganas de jugar. Trans-
       forman el espacio, encienden pequeñas luces que
       LOLA va sacando del tenderete, forman un cír-
       culo y se sitúan en el centro.*) Necesitamos un
       conjuro de brujas.

PURA   Tú eres puta y bruja, alguno te sabrás.

LOLA   ¿Conoces a la amanita muscaria?

PURA   No la conozco, ¿es otra bruja?

LOLA   Una seta. Las brujas se la untaban en la vagi-
       na y tenían orgasmos.

PURA   ¿Tú la has probado?

LOLA   Tengo un kilo de amanita muscaria, ¿quieres
       untarte?

PURA   No.

LOLA   Qué cara de señora beata has puesto.

PURA   Saca la seta y me la unto.

LOLA   No tengo amanita muscaria, ¡ojalá!

PURA   Yo con el vino ya estoy untada de alcohol.

LOLA   El conjuro. (LOLA *hace una serie de movimientos para acompañar el conjuro.*) Amanita muscaria, infusión de belladona, quien de verdad te ame, el coño te coma... Amapola y cicuta, aquí estamos, ella, bruja remilgada, y yo, bruja y puta... Estramonio, mandrágora y beleño, volvamos a vivir nuestro sueño... Por la fuerza de este aquelarre, que nada, ni nadie, nunca más nos amarre... Desde este círculo mágico regresemos en el tiempo a la cala bonita, una servidora, la bruja Lola y Pura la bruja flaquita... (*Comienza a escucharse sonido de tormenta y viento... LOLA y PURA juegan a simular un vuelo.*) ¡Estamos volando!

PURA   ¡Desde aquí todo es insignificante!

LOLA   ¡Desde aquí podría mear al pueblo entero!

PURA   ¡La lluvia amarilla de las brujas!

LOLA   ¡Cuidado con el arrecife!

PURA   ¡Cuidado con ese rayo!

LOLA   ¡Hay que aterrizar!

PURA   ¡El viento me lleva!

LOLA   ¡Sígueme!

PURA   ¡Te sigo!

LOLA   ¡Cuidado con las rocas!

PURA   ¡Allí está Cala Bonita!

LOLA   ¡Bajando, bajando!

PURA   ¡Aterrizaje perfecto! Había olvidado lo impresionante que es volar.

LOLA   Vamos a bañarnos, desnudas...

PURA   Tengo que volver a casa antes de que sea de noche.

LOLA   Ya es de noche, la hostia te la vas a llevar, hagas lo que hagas.

PURA   ¿Y si no volvemos?

LOLA   Puede que huyamos pero antes vamos a bañarnos.

PURA   Tú, te desnudas, corres y te lanzas al mar.

LOLA   Y tú, como siempre, miras a un lado y a otro, miras hacia arriba, al este y al oeste. Te lo piensas, te lo piensas, te lo piensas. Al fin, señoras y señores, después de mucho dudar, la remilgada se desnuda y se lanza al mar.

PURA   Y nado mejor que tú.

LOLA   Yo nado como los perros.

PURA   Aquí abajo hay algo.

LOLA   ¿Qué?

PURA   Un pez araña.

LOLA   ¡No mientas! Ese te clava una espina veneno-
            sa y mueres.

PURA   Me ha rozado… podría ser un pulpo… un pul-
            po de seis metros…

LOLA   Flacucha, ¿ves lo que yo estoy viendo?

PURA   ¡Dos linternas!

LOLA   Nos están haciendo señales desde la playa.

PURA   Es una pareja.

LOLA   ¡De la guardia civil! ¡Señoritas! ¡Señoritas!
            ¡Salgan fuera del agua, es una orden!

PURA   ¡Niñas! ¡Como me meta yo en el agua os doy
            una hostia que os arranco la cabeza! Lola, dile
            algo para que no se meta en el agua.

LOLA   ¿Qué le diga algo? ¿Qué le digo? ¡Guardia ci-
            vil! ¡No tienes huevos! ¡Solo tienes bigote!

PURA   ¿Estás loca? ¡Conocen a mi madre!

LOLA   ¡Seguro que no sabéis nadar, estáis muy gordos!

PURA   ¡Señoritas se acabó!

LOLA   ¡Bañarse con tormenta es peligroso!

PURA   ¡Van a pasar la noche en el calabozo!

LOLA   ¡Y vamos a avisar a sus familias!

PURA   ¡No es necesario!

LOLA   Fue nombrar a la familia y te cagaste.

PURA   Qué vergüenza salir del agua desnuda.

LOLA   Nos metieron en el coche. Les dije que vivía en una casa al lado de la tuya, que mis padres estaban enfermos, que me dejaran en la puerta.

PURA   Te acompañaron, llamaron a la puerta, salió un señor y descubrieron que mentías.

LOLA   Y me llevé dos guantazos.

PURA   Me llevaron a casa, mi madre abrió la puerta, parecía tranquila, dio las gracias, cerró la puerta, me dio cuatro hostias y me encerró una semana.

LOLA   ¡Aquelarre de brujas guardianas del cementerio! Nos persigue la inquisición, nos acusan

de preparar pócimas, ungüentos y brebajes ve-
nenosos. Desatamos la pasión, contagiamos
la locura, el amor y el desamor, hacemos olvidar el miedo y calmamos el dolor. Nos acusan de hacer calderos con sapos y culebras,
asar niños y comérnoslos, provocar enfermedades con el mal de ojo. Estamos aquí para
desmentirlo todo, nuestro verdadero poder
es la risa, reírnos de todo, los inquisidores se
empeñan en hacer de este mundo un lugar
oscuro, negro y triste... (PURA *se oculta.*) ¡Esta
noche con ustedes la bruja remilgada!

(Hace una salida de vedette.)

PURA   Gracias público mortal. La bruja puta, la que
me llama remilgada, necesita que le recuerde
que tener sensibilidad hacia las cosas, no es ser
delicada, es otra cosa. Hay un cuento, «La prin-
cesa y el guisante», me sirve para explicar que,
yo, con poco, mucho. Ella usa setas alucinóge-
nas, se las unta en la vagina para tener orgas-
mos, yo con un par de copas de vino puedo incluso volar. Quiero añadir algo más, mi com-
pañera, bruja y puta, está acabada, entró en la
zona oscura y ha perdido el poder de la invi-
sibilidad, un don que las brujas no podemos
perder, ella es de llamar la atención, con esos
aires, esos andares, esas florituras. Ella es de
decir al mundo, soy bruja y puta y me vais a
comer el coño. Y luego, nada. Soy la bruja número dos, puedo detectar un guisante, aunque
duerma sobre doce colchones y el guisante

quede debajo. Yo percibo detalles que otras brujas no pueden ver. Esta es una noche rara, nos rodean extraños habitantes del pasado, yo solo quiero mirar hacia adelante.

LOLA   ¡Anúnciame!

PURA   ¡Con ustedes, la bruja Lola! ¡Ha vuelto porque no quiere estar sola! Fue mi primer amor, y nunca entenderé por qué.

LOLA   ¡La lucha de clases continúa! Fui desterrada de mi tierra por el simple hecho de ser yo misma y ser libre de pensamiento y de palabra. La bruja remilgada fue mi primer amor, a su lado viví los momentos más felices de mi vida. Perdóname Luna. Quiero dedicarle unos versos a esta bruja tan remilgada para que sepa que para mí fue musa y fue hada. De mí murmuran y exclaman. Ahí va la loca soñando, con la eterna primavera de la vida y de los campos, y ya bien pronto, bien pronto, tendrá los cabellos canos, y ve temblando aterida, que cubre la escarcha el prado.[2]

PURA   Por los tiempos que nunca se irán si los recordamos. Jamás el que descansa en el sepulcro ha de tornar a amaros ni a ofenderos. ¡Jamás! ¿Es verdad que todo para siempre acabó ya?

---

[2] Rosalía de Castro

No, no puede acabar lo que es eterno, ni puede tener fin la inmensidad[3]. (LOLA *reacciona, parece afectada, coge una botella y se mete dentro del tenderete.* PURA, *desde fuera, se dirige a ella.*) ¿Qué te pasa? ¿Lola? Doña susceptible, ¿qué?, ¿una mirada, un gesto, algo que no he dicho?, ¿qué? ¡He venido a desposeerme, a dejar de ser y no a olvidar en la nostalgia Lola! ¡He venido a darlo todo!

(LOLA *eleva el volumen de la voz para hablarle desde dentro del tenderete.*)

LOLA   (*Voz en off.*) ¡Que me has emocionado! ¡Y yo era una piedra! ¡Y he sido un erizo! ¡Por culpa de tu hermano! ¡Te he tratado muy mal!

PURA   ¡Estás borracha Lola!

LOLA   (*Voz en off.*) ¡Mejor me lo pones! ¡Todo lo veo más claro!

PURA   ¿Estás llorando?

LOLA   (*Voz en off.*) ¡No sé llorar! ¡Y cuando lloro me duele todo!

PURA   ¡Sal, estoy borracha y puedo soportar las púas de erizo, vamos a darnos otro abrazo por todos los que nos debemos! ¡Vamos a mirar ese horizonte que han pintado para nosotras!

LOLA   (*Voz en off.*) ¡Que recuerdes esos poemas me ha emocionado!

PURA   ¡Recuerdo muchos poemas porque los anotaba en un diario!

LOLA   (*Voz en off.*) ¿Y porque me quieres?

PURA   ¡Y porque te quiero! (LOLA *sale del tenderete. Se dan un abrazo.*) Tengo ofrecimientos para ti si me prometes que no te tirarás al arrecife ni a ningún otro sitio. Si me prometes que seguirás con vida.

LOLA   Cuando decida tirarme no te voy a avisar.

PURA   Me ocuparé de tu cuerpo cuando llegue el momento. No va a ser hoy ni mañana. No sé si te están buscando pero no pasará nada porque yo estoy aquí. Vente a vivir conmigo, vivo sola.

LOLA   ¿En ese pueblo? Prefiero la muerte. Me encontraría con tu hermano, y tendría que matarlo.

PURA   Tengo una casa en el campo; allí estaríamos bien, y tengo ganas de viajar, no he viajado tanto como tú. Llévame a los sitios que más te gustaron.

LOLA   Me he acostumbrado a dormir a la intemperie.

PURA   Allí tengo terreno de sobra para que instales tu tenderete. Dame un oportunidad para convencerte.

LOLA   ¿Y la denuncia?

PURA   Eso lo arreglo yo. Necesito saber que no te vas a tirar y que podremos recuperar lo que no tuvimos.

LOLA   Una historia de amor de dos viejas...

PURA   ¿Por qué no?

LOLA   ¿Con sexo y todo?

PURA   ¿Por qué no? ¡Vamos a brindar! (PURA *saca otra botella de vino y llena las copas.*) ¿Por qué brindamos?

LOLA   Pura, no es fácil; he perdido mi faro, la luz que me guiaba. No sé si puedo seguir... He escrito una carta para que no tengas problemas. ¿Quieres leerla? No hagas numeritos emocionales lo aceptes o no lo aceptes.

PURA   Dame la carta.

LOLA   Está dirigida al señor juez.

PURA   ¡Cállate y dámela!

LOLA   Voy a por ella, estaba en nuestro escondite, sabía que allí mirarías. (LOLA *va a buscar la carta, vuelve y se la le entrega.* PURA *lee.* LOLA *bebe y se mueve, nerviosa, de un lado a otro.* PURA *termina de leer la carta.*) En el rato que llevas aquí conmigo habrás comprobado que muy normal no soy. Si digo que voy a hacer algo, lo hago. Lo que te pido... /

PURA   ¡Que te incinere!

LOLA   Sí, ya te lo dije, cuando me incineres pones mis cenizas junto a las de Luna. Doña Margarita estará en el cementerio de pescadores, y solo si estás dispuesta a cuidarla te la puedes llevar, si no la dejas ahí. Ese documento sirve para que el juez sepa que fue una decisión libre y meditada. Dinero no puedo dejarte, tuve que pagar la incineración de Luna. Sé que lo que te pido es raro.

PURA   Vamos a decir que acepto pero con una condición.

LOLA   ¿Aceptas?

PURA   Con una condición. Me ocuparé de incinerarte, lo prometo pero déjame intentar alargar ese momento. Déjame recuperarte, déjame recuperarte, déjame estar contigo y volver a ser tu amiga, al menos un tiempo. Nos lo debemos. Qué prisa tienes, después de tantos años sin vernos. Casi cincuenta. ¿Tienes que suicidarte hoy?, dame tiempo. Lola, por favor…

LOLA   Está a punto de llover. ¿Queda algo de comida?

PURA   Sí algo queda. Y otra botella de vino.

LOLA   Tendremos que cenar dentro del tenderete, tranquila, te respetaré.

PURA   Quiero ver la tormenta y los rayos sobre el mar.

LOLA   ¿Sabes qué?

PURA   ¡Cállate!

(PURA *mantiene la cabeza apoyada sobre el hombro de* LOLA. LOLA *intenta decir algo,* PURA *le pide silencio. Llega la lluvia se sobrepone al sonido del mar. Inmediatamente se organizan, ponen un toldo sobre el tenderete. Abren un paraguas pequeño para proteger a doña Margarita. Cogen otro paraguas más grande para ellas dos. Vuelven a sentarse juntas a mirar el mar.*)

Fin.

ENRIQUE TORRES INFANTES

del sur

Obra ganadora del premio
Teatro *Luis Barahona de Soto, 2009.*

A mis padres, Félix y Rosa, porque me dieron el viento
y la lluvia cuando los necesitaba.

A Puchi, como todo, musa y poesía para vivir,
para soñar, para seguir...

A todos los mayores, como Jacinto,
porque la única soledad sea la elegida.

Personajes

JACINTO

TONI

2

I

Un joven y un viejo en un parque. Es de día. En un banco está sentado JACINTO, *se ha quedado dormido, con la boca abierta.* TONI *está de pie, jugueteando con una lata, dándole patadas como si fuera una pelota. Mira a* JACINTO, *mira el reloj, se desespera.* TONI *se acerca a* JACINTO, *con cuidado le registra la chaqueta, coge un paquete de tabaco, se enciende un cigarrillo y se guarda el paquete.* JACINTO *se despierta. El joven es* TONI *y el viejo* JACINTO.

JACINTO   Ladrón, devuélveme mi tabaco.

TONI   ¿Ladrón? Cuidado con lo que dice abuelo. Me han dicho que no le deje fumar y es lo que hago, se lo devolveré cuando lleguemos a la residencia, cuido de su salud y me llama ladrón.

JACINTO   Ladrón...

TONI   ¿Ladrón? ¡Tome su tabaco!

(*Se lo mete en la chaqueta.*)

JACINTO   ¿Qué maneras son esas?

Toni   Maneras... A mí no me llame ladrón.

Jacinto   Por algo será que te molesta.

Toni   Cuánto sabe, la experiencia de la vida, en esa residencia encerrado de poco le sirve la experiencia, ¿a que sí? Va siendo hora de irnos.

Jacinto   Hasta las nueve podemos estar.

Toni   No pienso estar aquí hasta las nueve.

Jacinto   ¿Qué sabrás tú de la experiencia?

Toni   Ni creo que lo sepa, yo no llegaré a su edad, y no pienso morirme en una residencia como esa.

Jacinto   ¿Vas a morir joven?

Toni   Si me dejan voy a vivir. Pero vivir es vivir sin cortarme Y si lo consigo no me importará morir... no sé si me explico.

Jacinto   Si te dejan.

Toni   Es un decir.

Jacinto   ¿Tú te has ofrecido voluntario para pasear viejos como yo?

Toni   ¿Qué dice? Voluntario, con lo que tengo por vivir voy a estar yo paseando y a su velocidad.

Soy muy nervioso abuelo, y le estoy diciendo desde hace una hora que me tengo que ir.

JACINTO   Pero si no eres voluntario, ¿por qué lo haces?

TONI   Hace muchas preguntas. ¿Se lo digo y nos vamos?

JACINTO   Dímelo.

TONI   Y nos vamos.

JACINTO   Bueno, seguro que tú te irás.

TONI   En qué estará pensando... me da igual, se lo digo. Ha sido un juez, ¿vale?

JACINTO   ¿Un juez?

TONI   Sí, en lugar de mandarme a la cárcel ha decidido que haga servicios sociales, Ya está, ¿contento?

JACINTO   ¿Y por qué?

TONI   ¿Por qué? Le pregunta usted al juez.

JACINTO   ¿Qué has hecho?

TONI   Joder. Tuve problemas con un viejo, pero no le robé. Es lo que dicen pero no le robé. Me comí un marrón por culpa de su hija, una hija de puta, el pobre abuelo tenía la cabeza en

Pekín, pero no le robe, tenía su cartera porque él me la dio pero no le robé. Su hija lo dejaba solo como un perro y me denunció. Como el pobre hombre no tenía la cabeza en su sitio me comí el marrón.

JACINTO   ¿Pero tenía dinero?

TONI   Me prestó un dinero.

JACINTO   ¿Pero no dices que tenía la cabeza en Pekín?

TONI   Él y yo nos entendíamos. Se lo iba a devolver.

JACINTO   Ya.

TONI   Me da igual si no me cree. Nadie me cree y me importa un huevo. Ya lo estoy pagando con sus paseos. Si no le gusta pasearé a otro abuelo. Tengo que irme.

JACINTO   Espera.

TONI   Que no puedo.

JACINTO   ¿Dónde vas?

TONI   ¿Y a usted que le importa?

JACINTO   Hablaré bien de ti, mejor conmigo que con otros viejos más complicados.

TONI   Chantaje.

JACINTO   ¿Vas con una mujer?

TONI   No me hable de mujeres.

JACINTO   ¿Tienes novia?

TONI   No tengo novia.

JACINTO   ¿Por qué?

TONI   Abuelo, me tengo que ir.

JACINTO   ¿Dónde vas?

TONI   Es usted un taladro. ¿Dónde vas, dónde vas?

JACINTO   Contesta.

TONI   Al fútbol.

JACINTO   ¿Al fútbol?

TONI   Sí al fútbol.

JACINTO   ¿Puedo ir contigo? Hace más de cincuenta
            años que no voy al fútbol.

TONI   Va a ser que no.

JACINTO   ¿Por qué?

TONI   Porque no.

JACINTO   Lo tendré en cuenta.

TONI   Abuelo chantajista. No puede venir porque me cuela un amigo.

JACINTO   Mejor, el dinero sería un problema, que nos cuele a los dos.

TONI   Qué dice, hay que saltar una valla, imposible. Va a ser que no.

JACINTO   Me hacía ilusión.

TONI   Ya me imagino. Ya voy tarde, o entro antes de que empiece o no hay nada que hacer.

JACINTO   Vaya. Oye, Toni. ¿Te llamas Toni verdad?

TONI   Sí, y usted Jacinto, ese nombre no se me olvida porque al parecer mi padre se llamaba Jacinto.

JACINTO   Vaya.

TONI   Mejor no pregunte.

JACINTO   Oye, Toni, te voy a pedir dos favores antes de que te vayas.

TONI   Querrá decir antes de que nos vayamos.

JACINTO   Escúchame, Toni.

TONI Abuelo, no me líe que me busca un problema.

JACINTO Escucha... ¿Tú conoces una canción que dice, con dinero y sin dinero, hago siempre lo que quiero y mi palabra es la ley?

TONI No me líe, abuelo.

JACINTO Escucha, lo que quiero decir con esa canción es que en la residencia se hace lo que yo digo. Tengo enamorado a todo el personal, a las cuidadoras con poesía, a las enfermeras con un toque de elegancia y caballerosidad, a los médicos con ingenio. O sea, que... hago siempre lo que quiero, y mi palabra es la ley, así que no vas a tener problemas.

TONI ¿Problemas con qué?

JACINTO Dos favores.

TONI Si ya uno me cuesta, ¿dos es para vacilarme?

JACINTO Más que nervioso eres impaciente.

TONI ¿Qué coño quiere?

JACINTO Te vas a ir y me vas a dejar veinte euros.

TONI (Se ríe.) ¡Qué bueno! Genial... cuénteme otro.

JACINTO Oye, mañana te daré treinta, es un buen negocio.

TONI   ¿Qué se cree abuelo, que soy rico? Veinte euros es lo que tengo, y con eso me tengo que comprar la cena. ¿Para qué quiere veinte euros?

JACINTO   Ese es el primer favor.

TONI   No me cuente el segundo. De los veinte euros olvídese, es lo que tengo.

JACINTO   ¿Diez euros? Te daré veinte mañana.

TONI   Le daré cinco y mañana...

JACINTO   ... Te doy diez.

TONI   Mire me tengo que ir, tome los cinco euros y vámonos.

JACINTO   Es que el favor tiene una segunda parte.

TONI   Abuelo no me toque los cojones.

JACINTO   Toni, me muero por un buen café y un bollo tierno. ¿Crees que con cinco euros podré satisfacer un deseo tan simple pero tan importante para un viejo como yo?

TONI   ¿Un café y un bollo? Sí que da con cinco euros, pero ya le he dicho que me tengo que ir, ya veremos si otro día...

JACINTO   Tranquilo, ¿no te he dicho que soy el rey? Mira, este parque está a diez minutos de la residencia.

TONI   Póngale veinte minutos al paso que usted va y yo le echaría los tres cuartos de hora con las paradas correspondientes para respirar... que fuma mucho Jacinto.

JACINTO   Bueno, da igual, así muevo las piernas. Escucha. Llévame a un bar cercano, me dejas los cinco euros y te puedes ir, elige bien, que el café sea bueno. No pasará nada, volveré solo y les diré que me has acompañado hasta la puerta.

TONI   No quiero problemas abuelo.

JACINTO   No los tendrás.

TONI   ¿Y el segundo favor?

JACINTO   Ahora se ha convertido en un favor urgente, he demorado mucho.

TONI   ¿Qué quiere decir abuelo?

JACINTO   Que me estoy meando, y con lo que me cuesta no puedo esperar. No me gusta llevar pañales.

TONI   ¿Y qué se supone que tengo que hacer?

Jacinto	Voy a tener que mear aquí mismo.
Toni	¿Qué?
Jacinto	Cúbreme. Esta zona está tranquila. Tú ponte delante y cúbreme.
Toni	¿No pudo avisar antes?
Jacinto	Ya tendrás muy presente la palabra próstata... y te acordarás.
Toni	Coño, Jacinto.
Jacinto	Cúbreme y lo hago aquí mismo, no puedo más. Ayúdame a levantarme... (Toni *ayuda a* Jacinto *que se incorpora del banco en el que estaba sentado.*) Gracias hijo, lo haré justo detrás del banco. Tú cúbreme.
Toni	Cúbreme, como en las películas. Vamos, abuelo.
Jacinto	Ayúdame a llegar que me meo. (Toni *ayuda a* Jacinto *a colocarse en el lugar elegido.*) Ahora ponte delante para cubrirme y disimula.
Toni	Disimula. Vaya tarde que me está dando, abuelo.
Jacinto	Oye Toni. ¿Puedes hacer el ruido del agua? Es que no puedo.

TONI   ¿Ruido del agua?

JACINTO   Para ayudarme.

              (TONI *comienza hacer ruidos.*)

TONI   ¿Vale así?

JACINTO   Parece que ya... Sigue, sigue... (TONI *sigue ha-
              ciendo ruidos imitando el agua.*) Ya... ah... por
              fin... Qué placer es mear cuando no puedes.
              ¡Uf! Oye, Toni.

TONI   No querrá que se la sacuda.

JACINTO   Impaciente. Que si tienes un pañuelo de papel.

TONI   No, tengo uno de tela.

JACINTO   Déjamelo y mañana te lo devuelvo limpio.

TONI   Vaya tela marinera.

              (*Le da el pañuelo. Se intuye que* JACINTO *se lim-
              pia y se sube la cremallera.*)

JACINTO   (*Vuelve caminando hacia* TONI.) Qué maravi-
              lla. Cuando llegues a mi edad, si llegas, verás
              que esto es como un milagro. Favor resuelto,
              gracias hijo. Lo de la próstata insisto, vigíla-
              tela. Ahora vamos a esa cafetería.

TONI   Hay una cruzando el parque, tiene mesas y es así... elegante, pero el problema es que luego tendrá usted que cruzar solo y no me gusta.

JACINTO   Podré, hijo, no te preocupes.

TONI   Me está tocando los huevos, pero en fin, se me ocurre una cosa, le doy otros cinco euros, ya me apaño con diez, después del café y el bollo coge un taxi, usted le dice al taxista que lo lleve a la residencia y escúcheme bien que le voy a decir algo y muy en serio, que yo no tenga problemas por esto o se arrepentirá de haberme conocido.

JACINTO   Hijo, cuánta violencia.

TONI   No es violencia, pero no está mi vida para jugar con tonterías y con abuelos caprichosos.

JACINTO   ¿Caprichoso? Coño Toni, que estoy encerrado en esa residencia y no me he tomado un café en condiciones desde hace años. No me cabrees hombre, parece mentira, que no te estoy pidiendo más que un café.

TONI   ¿Pero usted entiende mi problema, no?

JACINTO   Voy a contestarte de nuevo, luego dirás que me repito. Con dinero y sin dinero, hago siempre lo que quiero y mi palabra es la ley.

TONI   Joder con la cancioncita. Muy bien, es usted
           el rey. ¿Y yo quién se supone que soy? ¿La
           guardia real?

JACINTO   No te preocupes, disfruta del fútbol, ¿maña-
           na nos veremos?

TONI   Me debe usted veinte euros.

JACINTO   Quince.

TONI   ¿Ya estamos regateando?

JACINTO   Diviértete hijo, que esta vida es un segundo.
           Créeme. ¿Oye, puedo apoyarme en ti? De es-
           tar tanto tiempo sentado tengo las piernas un
           poco dormidas.

TONI   Vamos, abuelo, que llego tarde.

JACINTO   Vamos, hijo, me agarro a tu brazo.

TONI   (*Mientras salen.*) Igual es cierto que usted es
           el rey, al final me ha llevado al huerto.

JACINTO   Por cierto. ¿Quieres unos cigarrillos?

TONI   No debería usted fumar.

JACINTO   ¿Un café sin tabaco?

TONI   Me da usted un par de cigarros que me harán
           falta. Y escúcheme bien. Le voy a llevar a la

cafetería, pero luego se coge un taxi, y no me falle Jacinto.

JACINTO   No hijo, disfruta que la vida es un segundo.

(JACINTO y TONI *lentamente se marchan. Lentamente va llegando el oscuro.*)

II

Es de noche, en el mismo banco JACINTO *está dormido, una farola proyecta un círculo de luz que lo rodea y lo aísla. Escuchamos el sonido de una lata. Vemos llegar a* TONI *que está dándole patadas, lleva una bolsa en la mano y se está fumando un canuto. El joven se queda observando al viejo que por efecto del sueño tiene la cabeza caída hacia abajo, apoyada en el pecho.*

TONI   Me cago en mi padre. Al final tendré que darle la razón al legionario. Todo lo que no empieza bien no acaba bien. (TONI *se acerca y pone su mano sobre la barbilla para intentar levantarle la cabeza.*) ¡Qué asco, cojones, si está babeando! (TONI *se limpia la mano manchada frotándola sobre la chaqueta de* JACINTO. *Se sienta a su lado y vuelve a levantarle la cabeza.*) ¡Huele a vino! La que me va a caer. ¡Eh Jacinto! ¡Abuelo! Está usted borracho. (*Mira a un lado y a otro.*) Que cabrón, un café y un bollo. (*Grita.*) ¡Jacinto! (*Le toca el hombro y lo zarandea.*) ¡Jacinto! (TONI *le toma el pulso y comprueba con alivio que está vivo.*) ¡Está borracho! Jacinto coño despierte. (*Eleva la voz.*) ¡Jacinto!

(JACINTO *reacciona, levanta la cabeza, abre los ojos, está desconcertado,* TONI *se levanta y se aparta.* JACINTO *después de mirarlo sin reaccionar.*)

JACINTO   ¡Toni! ¿Te has divertido?

TONI   No me toque los cojones abuelo. ¿Qué hace usted todavía aquí? Y yo pensando que usted era legal y su palabra ley, no me mire así, me dio su palabra. Tengo el coche aparcado por aquí; si no, ni me entero. Le estarán echando de menos y me voy a comer otro marrón, ¿me comprende Jacinto?

JACINTO   No entiendo muy bien esa expresión, comerse un marrón.

TONI   No me toque los huevos.

JACINTO   Todo tiene una explicación, Toni.

TONI   ¿No quería un café y un bollo?

JACINTO   Me llegó otro deseo cuando miré la exposición de maravillas que había sobre la barra. Al final me decidí por un buen vino con berberechos. Y la cosa salió bien, a la primera ronda me invitó un señor muy amable, luego tuve que invitar yo y el dinero del taxi voló. ¿Tienes tabaco?

TONI   Vámonos a la residencia. Acompáñeme hacia el coche y le llevo, igual estamos a tiempo.

JACINTO   Toni, no tendrás un cigarro.

TONI   No tengo tabaco. ¿Se ha fumado el paquete?

JACINTO   Unos berberechos sin tabaco.

TONI   Debería enjuagarse la boca, lo van a notar. Huele usted a vino, a berberechos y a un montón de cosas.

JACINTO   Dame una calada de ese que llevas en la mano.

TONI   Esto es un canuto.

JACINTO   ¿No tienes tabaco?

TONI   Todo lo que no empieza bien no acaba bien.

JACINTO   Dame un cigarro.

TONI   Me está tocando los cojones.

JACINTO   Dame una calada entonces.

TONI   ¿Del porro?

JACINTO   Sí.

TONI   Jacinto, ¿está usted bien?

JACINTO   ¿Qué llevas en la bolsa?

TONI   Una pistola para matar abuelos que no cum-
           plen con su palabra, y que meten en líos a gi-
           lipollas como yo.

JACINTO   Eres impaciente pero no eres mala persona, eres
           cabroncete, eres tozudo, eres malhablado, pero
           sé que en el fondo, aunque sea muy en el fon-
           do eres buena persona. ¿Qué llevas en la bolsa?

TONI   Le voy a contar algo... Estuve asistiendo a te-
           rapia.

JACINTO   ¿Terapias?

TONI   Sí, déjeme que le cuente. Con una psicóloga
           que estaba buenísima.

JACINTO   ¿Por qué?

TONI   Coño abuelo que todo lo quiere saber. Tera-
           pia de metadona, ¿contento?

JACINTO   Vaya Toni, en el fondo eres débil. ¿Tienes un
           cigarro?

TONI   Eso es lo que le iba a decir abuelo taladro, la
           psicóloga nos hablaba de la técnica del disco
           rayado, para conseguir cosas.

JACINTO   ¿Qué dices? Dame un cigarro, si te has hecho
           un canuto tendrás tabaco.

TONI   Nada, lo dicho, un taladro.

JACINTO   ¿Qué llevas en la bolsa?

TONI   Llevo dos bocatas. iba a la pensión a comérmelos y me encuentro a un abuelo al que llevé a dar un paseo, al que le hice un favor y ¿cómo me lo encuentro?, borracho. Me dio por la solidaridad y aquí estoy preparándome para el marrón que me voy a comer.

JACINTO   ¿Te estoy tocando los cojones?

TONI   Mucho.

JACINTO   ¿Y ese cigarro?

TONI   Disco rayado.

JACINTO   ¿Oye, he oído bien?, ¿tienes bocadillos?

TONI   ¿Yo he dicho eso?

JACINTO   Has dicho bocatas.

TONI   ¿Los abuelos no pierden oído también? Sí, es mi cena, uno de lomo y otro de tortilla de patatas, y si algo me jode es tomármelos fríos.

JACINTO   Yo no he cenado.

TONI   Precisamente, si nos vamos ahora igual llegamos a la cena.

JACINTO   Sigo siendo el rey, no temas, no pasará nada. Dame un bocadillo.

TONI   Le van a sentar mal, que están muy pringosos, que en el bar del legionario el aceite es de garrafón. Yo tengo buen estomago.

JACINTO   Medio bocata de lomo no me irá mal. ¿Y de beber tienes algo?

TONI   Sigue siendo el rey.

JACINTO   ¿Qué tienes para beber?

TONI   Sí que me está tocando las pelotas, tengo tres cervezas.

JACINTO   Lomo y cerveza, vamos a ello. ¿Te he dicho que no he cenado?

TONI   No, no me lo ha dicho.

JACINTO   Te cambio una cerveza por un paquete de tabaco.

TONI   ¿No decía que no tiene tabaco?

JACINTO   Vaya, me has pillado. Ya me invitas tú a uno.

TONI   Con el que tenía me he hecho este porro y lo estoy racionando.

JACINTO   Comamos y ya pensaremos en eso después. (*Toni se coloca el porro en la oreja. Parte el bocata en dos mitades y abre dos latas, le da un trozo a* JACINTO *y una cerveza. Los dos comen y beben.*) Se está bien aquí.

TONI   ¿Mejor que en una cama?

JACINTO   Mi cama está al lado de otras cuatro camas. Hay un viejo que no deja de quejarse, otros dos que deliran, cuando tú llegues a mi edad probablemente habrá más camas por habitación, este país tienen demasiados viejos, y nadie quiere tenerlos en casa, claro que tú no vas a llegar a viejo.

TONI   No creo que llegue.

JACINTO   Tomando bocadillos como este seguro que no.

TONI   Encima delicado. ¿Y qué coño hace aquí?

JACINTO   Me bebí unos vinos, y gracias a que me trajo un chaval. Pero era un gilipollas, le tuve que prometer veinte euros que le daría mañana.

TONI   Jacinto, le estarán buscando.

JACINTO   Seguramente.

TONI   No me joda que yo no quiero tener problemas.

JACINTO   Vamos a probar el de tortilla.

TONI   Parece que la dentadura la tiene en su sitio.

JACINTO   Antes me apetece fumar.

TONI   Que no tengo tabaco.

JACINTO   Dame una calada de ese que tienes en la oreja.

TONI   Es un canuto y me lo estoy racionando.

JACINTO   Pues vamos a echarlo.

TONI   A ver si le va a dar un telele.

JACINTO   Yo he fumado de todo, pasé una guerra, la posguerra, y ahora estoy en esta residencia que huele siempre a lo mismo. Dame una calada hombre que no va a pasar nada.

TONI   Lo que le decía, la psicóloga tenía razón, la técnica del disco rayado funciona y vaya si funciona.

JACINTO   ¿Qué técnica es esa?

TONI   Da igual. (TONI *enciende el canuto y se lo pasa.*) Si le da un telele qué les cuento yo. Me la estoy jugando y sabe, porque se lo he contado, que tengo muchos problemas.

JACINTO   Te lo agradezco hijo.

(JACINTO *da una calada.*)

TONI   Hijo.

JACINTO   Demasiado joven para ser mi hijo, serías mi nieto.

(JACINTO *da otra calada intensa al canuto.*)

TONI   Jacinto una calada más y ya vale, que es chocolate de primera.

JACINTO   Que les den por el culo.

(*Otra calada.*)

TONI   ¿A quienes?

JACINTO   Se está bien aquí.

TONI   Yo creía que le iba a dar la tos.

JACINTO   Toma. (*Le devuelve el canuto.*) Estás hablando con un combatiente.

TONI   Combatiente de qué.

JACINTO   Tengo muchos años. Gracias hijo. He combatido en tantos frentes. Pero el peor de todos es la soledad, la soledad que no eliges, la que te impone la vida.

TONI   Si al final me va a emocionar. Debemos irnos.

JACINTO   Procura que te den pan tierno que una vez que se caen los dientes ya no hay vuelta atrás.

TONI   ¿Quiere tortilla?

JACINTO   Vamos a echarlo.

(TONI parte el segundo bocata en dos mitades. Comen. TONI abre otra lata de cerveza. JACINTO le pide cerveza con un gesto.)

TONI   No tengo más.

JACINTO   Dame un trago.

TONI   Ponga su lata y le echo una poca.

JACINTO   ¿Te doy asco?

TONI   Por la babilla no le digo que no.

JACINTO   ¿Qué babilla?

TONI   Coma y calle.

JACINTO   ¿Qué babilla?

TONI   Nada, Jacinto, la de dormir.

JACINTO   ¿Y el fútbol?

TONI	Perdimos como siempre. Es lo que hay. Escúcheme.
JACINTO	Vas a pedirme que nos vayamos a la residencia.
TONI	Vamos a llamar para que sepan que está bien.
JACINTO	Me van a preguntar dónde estoy y vendrán a por mí.
TONI	¿Y yo qué les digo?, ¿qué van a pensar cuando noten que está borracho?
JACINTO	Que no estoy borracho coño, el vino era de primera y se pega al paladar.
TONI	Y si le hacen un análisis verán que ha fumado porros. Estoy jodido Jacinto, y me dio su palabra.
JACINTO	¿Mi palabra? ¿Y si llamas qué les vas a decir?
TONI	¿Yo?
JACINTO	Yo no pienso llamar. Escucha, llamas y dices «buenas noches, Jacinto está bien», y cuelgas.
TONI	Y localizan mi teléfono y la hemos cagado.
JACINTO	Llama desde una cabina.
TONI	Están todas rotas.

JACINTO	Puedes decir: hola, soy Toni, Jacinto me ha pedido que llame para tranquilizarles, y dice que esta noche no dormirá en la residencia.
TONI	¿Qué? Jacinto. Yo le dejo el móvil, me da dos euros por la llamada, y usted lo explica, no quiero problemas, usted hable con ellos y cuénteles lo que quiera pero que yo no tenga problemas. ¿Entendido Jacinto? No vayamos a joderla.
JACINTO	Bueno, llamo y les digo que te he pedido el teléfono, que has sido muy amable porque me acompañaste a casa de un pariente donde voy a quedarme a dormir esta noche.
TONI	¿Tiene parientes?
JACINTO	Les diré que un viejo amigo ha llegado a la ciudad y me invitó, les diré que me olvidé avisar, y como soy el rey.
TONI	No sé.
JACINTO	Coño Toni, estás preocupado.
TONI	Claro que estoy preocupado. Jacinto, usted me ha complicado la vida. ¿Sabe lo que pasa? Que no se puede ser bueno, ni se puede ser amable, al final te dan en el mismo sitio.
JACINTO	¿Tienes el número de teléfono de la residencia?

TONI   ¡Venga coño, no me diga que no se sabe el
            número!

JACINTO   Busca en mi cartera. Tengo un papelito con el
            número anotado. A estas horas no veo nada,
            me dejé las gafas. Tendrás que marcar tú el nú-
            mero. (TONI *abre la cartera y busca.*) Si quie-
            res dejar caer otros cinco euros en la cartera
            mañana te daría diez.

TONI   No hay más euros. Este carné de identidad está
            caducadísimo, aquí tiene veinte años menos.

JACINTO   Me hicieron uno nuevo y lo perdí y este que
            lo había perdido lo encontré, ¿a que era muy
            apuesto?

TONI   (*Mira el carné de identidad.*) Jacinto...

JACINTO   ¿Qué? No habrás encontrado un billete.

TONI   Hoy es su cumpleaños.

JACINTO   Hace ya mucho tiempo que no lo celebro.

TONI   Hoy también es mi cumpleaños.

JACINTO   Si al final nos pondremos tiernos. El destino
            es caprichoso, dos solitarios cumplen años
            en mitad de un parque, ¿y el resto del mun-
            do que hará?

(TONI *busca en la bolsa donde llevaba los boca-dillos. Haciendo la onomatopeya de una música de suspense.*)

TONI   Unas natillas que utilizaremos como tarta y unas cerillas como velas de cumpleaños. Cuántos cumple.

JACINTO   Ochenta y seis.

TONI   ¿Ochenta y seis cerillas?, bastará con una.

JACINTO   Hace mucho que no hago esto.

TONI   Pero ¿le parece una gilipollez?

JACINTO   Sí, pero como no lo esperaba igual me hace ilusión.

TONI   Todavía no son las doce, hemos llegado a tiempo, soplaremos los dos a la vez. (TONI *abre las natillas y clava una cerilla que enciende.*) pida un deseo.

JACINTO   Un deseo, ahora nos ha salido cursi. Y qué pido Toni, menos años, mear con tranquilidad, que pongan pescado en el menú, que una bella enfermera me recite sonetos y me acaricie la cara.

TONI   ¿Toma viagra?

JACINTO   Yo soy un portento, te sorprenderías.

TONI   Sigue siendo el rey. Se apaga la vela, vamos a por otra. (*Clava sobre las natillas una nueva cerilla y la enciende.*) Pida un deseo o lo que le salga de los cojones, pero en silencio, yo haré lo mismo.

JACINTO   Ya.

TONI   Soplamos, a la una, a las dos y a las tres.

(JACINTO *y* TONI *soplan juntos y apagan la cerilla.*)

JACINTO   ¿Y no me vas a cantar?

TONI   Ya está bien. Se da por felicitado y cantado.

JACINTO   Te habías callado lo de las natillas.

TONI   Me ha dejado sin cena así que no se queje.

JACINTO   Gracias, hijo.

TONI   No tengo regalo, tengo otro porro liado pero lo necesito para relajarme.

JACINTO   Igual luego, una caladita. ¿Puedo enseñarte algo?

TONI   Quien le dice que no, al hombre taladro, experto en la técnica del disco rayado.

JACINTO   No pensaba enseñarlo a nadie y menos a ti.

TONI   Muchas gracias.

JACINTO   Este álbum de fotos me lo han enviado hoy.

TONI   Voy a dejar por aquí las natillas no vayamos
             a mancharlo. A ver... (*Mira el álbum.*) Usted
             es...

JACINTO   De esos dos niños soy el mayor.

TONI   ¿Y el otro?

JACINTO   Mi hermano Pepe.

TONI   ¿Vive su hermano?

JACINTO   Al parecer, sí. Hasta que recibí este álbum no
             sabía si vivía, si había muerto.

TONI   ¿Cuánto hace que no lo ve?

JACINTO   Cuarenta años, más o menos.

TONI   Cuánto cariño hay en su familia.

JACINTO   Una historia complicada.

TONI   ¿Dónde está su hermano?

JACINTO   En la casa donde nacimos, en un pueblo de
             Extremadura, donde hay unos cerezos bellí-
             simos.

TONI   ¿Y qué coño hace babeando sobre un banco en esta ciudad de locos?

JACINTO   Me vine a estudiar. Oposité y me quedé. No tuve hijos, vivo en una residencia. En resumen, pasó el tiempo.

TONI   La familia... A la mierda todos esos que se regodean con la familia. Yo ni la tengo, ni la tuve, y me duelen los huevos solo de pensarlo.

JACINTO   Lobo solitario.

TONI   Los cojones. Pero en su situación si yo tuviera un hermano y una casa en Extremadura me iría a tocarme las pelotas y a comerme unas cerezas, y sabe por qué, raíces, raíces, eso es importante.

JACINTO   Cuando cortas los hilos ya no hay vuelta atrás.

TONI   Los hilos no se cortan. Hay hilos o no hay hilos.

JACINTO   Bueno pues no hay hilos, mi hermano y yo nos odiamos.

TONI   Pero le ha enviado un álbum de fotos.

JACINTO   Sí, dame un pañuelo y lloraré.

TONI   (*Comienza a tutearlo.*) Estás encabronado Jacinto, en eso nos parecemos.

JACINTO   ¿Qué sabrás tú?

TONI   ¿Yo? Un ignorante.

JACINTO   Mi hermano y yo casi nos matamos. Por una mujer, por las ideas.

TONI   Y al final ella se queda con él, estás encabronado porque eres un perdedor.

JACINTO   Y tú eres un cabrón hijo de puta.

TONI   De niño era capaz de arrancarle la cabeza a quien me dijera eso.

JACINTO   Política y amor. Una mujer, dos bandos, una guerra, poco faltó para que me matara.

TONI   Eran otros tiempos, pasó la guerra pero lo de los cuernos sigue jodiendo igual.

JACINTO   Ya decía yo que te notaba algo raro y son los cuernos.

TONI   No me afecta. Pero igual entiendo a tu hermano, si eres un cabrón hijo de puta lo pagas.

JACINTO   Yo no puedo ir a ver a mi hermano, y él tampoco dará el paso.

TONI   Vete a Extremadura, come cerezas y verás qué bien cagas y qué bien vas a estar, cojones. Le ha mandado las fotos, ya está dando el paso.

JACINTO   La última vez que lo vi me apuntaba con una pistola.

TONI   A saber lo que hiciste tú.

JACINTO   Pensé que iba a matarme pero no apretó el gatillo, me dejó marchar y hasta hoy.

TONI   Hasta hoy, deja esa residencia de mierda y ve a tu casa que hoy debe de valer una pasta.

JACINTO   Me ha mandado unas fotos, sí vale, tampoco es para emocionarse, es un gesto, simplemente.

TONI   (*Curioseando el álbum.*) Jacinto, no has visto lo que dice aquí.

JACINTO   Me dejé las gafas en la residencia.

TONI   Aquí dice... felicidades hermano, y añade un número de teléfono.

JACINTO   Un número de teléfono.

TONI   ¿Cómo se llama tu hermano?

JACINTO   Pepe.

TONI   Por la coincidencia de los cumpleaños y por la noche que me estás dando voy a hacer algo.

JACINTO   ¿Qué?

TONI   Voy a llamar a este teléfono.

JACINTO   Ni se te ocurra.

TONI   Tómate las natillas, es tu tarta de cumpleaños.

JACINTO   ¿Tienes una cuchara?

TONI   Métele el dedo.

JACINTO   La polla voy a meter. Yo no pienso hablar con nadie.

              (JACINTO *come las natillas con el dedo mientras* TONI *se aparta con el móvil y habla sin que se le escuche.* JACINTO *observa nervioso. Pausa. Al fin* TONI *termina la conversación.*)

TONI   Esto se complica.

JACINTO   ¿Qué pasa?

TONI   Tu hermano vive pero..., te lo voy a decir clarito, le quedan tres telediarios, o dos. Quiere verte, y quiere dejarte la casa de tus padres. ¿Cuántas habitaciones tiene?

JACINTO   Vete a tomar por culo.

TONI   Quiere hacer las paces. Me lo dijo una señora que lo acompaña.

JACINTO   ¿Una señora?

TONI   Sí, ah... vaya. Déjeme que piense. ¿Podría ser
            la mujer de la historia? Tu hermano la palma,
            se queda con la casa y con la mujer. Es per-
            fecto. Yo que siempre quise vivir en el campo
            y criar gallinas.

JACINTO   Hijo de puta.

TONI   Jacinto, qué tal tus piernas.

JACINTO   Malamente, ¿por qué?

TONI   Voy a por mi coche. Espérame aquí. ¿Cuánto
            se tarda a tu pueblo?

JACINTO   Hace cuarenta años que no voy.

TONI   Mañana tendría que presentarme ante el juez
            y no voy a estar, ¿sabes por qué? porque esta-
            remos en tu pueblo. ¿No me preguntas por qué?

JACINTO   ¿Por qué?

TONI   Voy a por el coche. Quédate sentado aquí y
            no vayas a dormirte y a babear. Ya te echarás
            un sueñecito en el viaje, a ver como consigo
            pasta para la gasolina. Cuando despiertes nos
            comeremos unas cerezas.

            (TONI *se va a marchar pero* JACINTO *lo inte-
            rrumpe.*)

JACINTO   ¡Toni!

Toni   ¿Qué?

Jacinto   Ven un momento. (Toni *se acerca y* Jacinto *se levanta con dificultad.*) Eres un hijo de puta.

(Jacinto *le da un abrazo.*)

Toni   Tú llevas más años de hijo de puta, me ganas.

Jacinto   Podríamos criar gallinas.

Toni   Dicen que son muy putas.

Jacinto   Así podrías estar todos los días tocándote los huevos.

Toni   Paso a paso, voy a por el coche.

Jacinto   Toni.

Toni   ¿Qué?

Jacinto   Créeme... Soy el rey. No vas a tener problemas, te doy mi palabra, y esta palabra sí que es la ley. Hablaré con el juez y le diré que eres un cabrón, pero con el corazón más grande que todos los cabrones juntos. ¿Confías en mí?

Toni   No me queda más remedio.

Jacinto   Tienes mi palabra, y esta vez no te fallaré.

(TONI *se aleja corriendo y* JACINTO *se queda en el banco acariciando el álbum de fotos, tratando de reconocer cada fotografía con sus manos. Poco a poco se va haciendo el oscuro.*)

Fin.

Esta primera edición de *entre nosotras y el mundo / el sur*
de Enrique Torres Infantes, terminó de imprimirse
en abril de dos mil veinticinco,
en Madrid.